ぐうたら旅日記

恐山・知床をゆく

北大路公子

PHP
文芸文庫

○本表紙デザイン＋ロゴ＝川上成夫

まえがき

旅は嫌いだ。

行き先決めるのも面倒だし、移動手段を考えるのも面倒だし、宿を手配するのも面倒だし、日程調整するのも面倒だし、荷造りするのも面倒だし、会ったばかりの旅館の人から「ご飯にしますか、お風呂にしますか」と昭和の新妻みたいなことを聞かれるのも面倒だし、あとなんだ、とにかく面倒だ。できればずっと家にいたい。家にいてビール呑《の》みながらテレビ見て「で、どうなの、古舘伊知郎《ふるたちいちろう》が浅香光代《あさかみつよ》に年々似てくる件については」とかクダ巻いていたい。

この本は、そんな私が「お婆さん、家に閉じこもってばかりでは身体に毒ですよ」とばかりに友人に引っ張りだされ、一泊とか二泊とかまあ頑張って三泊とか、いわばお泊まり会の延長のような短い旅に出かけた記録のようなものである。「のようなもの」というのは、元々は自分のブログに同行者への御礼と報告を兼ねて掲載した文章であり、その性質上、『旅する私、そして世界の今』的な視点とはきっぱりと一線を画す、非常に個人的な感想で構成されたものだからといえよう。威張ってどうする。

私としても「こんな日記みたいなもの出版しちゃっていいのだろうか」と不安に感じないわけではないが、その不安を寿郎社にぶつけたところ「だってこれ日記だから」と言われたので、まあそうかと思ってこんなことになってしまったのだった。どうもすみません。

第一部「恐山《おそれざん》と知床《しれとこ》をゆく」では、恐山と知床に出かけ（そのまんま）、第三部「心のふるさと積丹《しゃこたん》をゆく」では、参加者を微妙に変えながら三年にわたって毎年毎年積丹にウニを食べに行っています（そのまんま。ほんとはそのあとさらに二年行ってる）。ブログに年に一度ぽつりと載るのとは違い、こうしてまとめて読むと「またウニかよ！　そして宴会かよ！　そんなに遊んでばっかでよく飽きないな！」とだんだん腹が立ってくる仕組みになっておりますが、私の希望といたしましては、腹立ちよりも「人というのは繰り返しの日々を生き、そして死んでいくものだ」という人生の無常の方を感じていただければと思います。

第二部「ぐうたら夜話《やわ》」は、インターネットの交流サイト〈ミクシィ〉にかつて存在した『三題噺を書いてみよう』というコミュニティに投稿したショートストーリー（掌篇小説）です。
・ランダムに出された「人」「場所」「物」の三つのお題を元に物語を作ること。
・お題が出されてから四八時間以内に発表すること。
という二つのルールに則《のっと》って書かれたもので、その時投稿した一〇話のうちの五話が収録されています。当時の決まりを尊重する意味でも、今回加筆・修正はしておりません。もちろん旅とはまったく無関係ですが、気づかないふりしてさらりと載せてみました。

と、いろいろ言い訳しつつの旅日記のようなもの、楽しんでいただけると幸いです。

ぐうたら旅日記◆目次

※扉の地図と断りのない本文の写真は著者による

恐山と知床をゆく

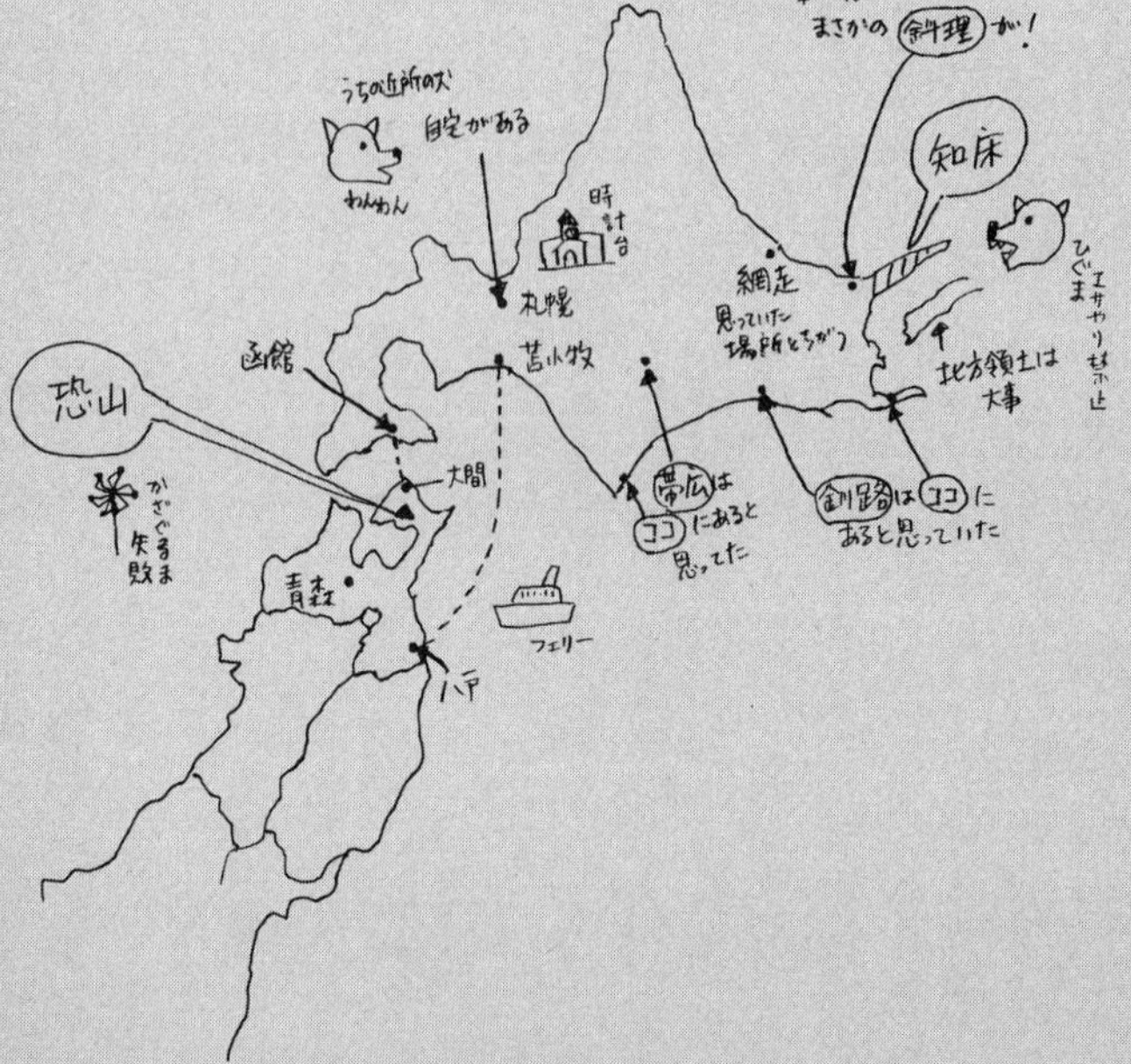

私の思っていた「網走」に
まさかの斜里が！
知床
ひぐま
エサやり禁止
うちの近所の犬
わんわん
自宅がある
時計台
札幌
網走
思っていた
場所とちがう
北方領土は
大事
函館
苫小牧
恐山
大間
帯広は
ココにあると
思ってた
釧路はココに
あると思っていた
かざぐるま
失敗
青森
フェリー
八戸

春の恐山四人旅

〈日程　二〇一一年五月二日―五日〉
●いっしょに行った人
北海道から
コパパーゲ氏……編集者（寿郎社）。40代男
東北から
シマさん……自営業。40代女
東京から
みわっち……編集者（毎日新聞社）。40代女
不参加だけど
オッカさん……主婦。40代女
ハマユウさん……北のスーパー幹事。30代女

二〇一一年五月二日（月）

今年のゴールデンウィークは中年四人旅。順調に歳をとりつつある我々としては、そろそろ地獄と極楽をこの目で見ておく必要があるのではないかと、行き先を恐山《おそれざん》に定めてみる。北海道組は私とコパパーゲ氏、内地組は東北某県のシマさんと東京のみわっちで、待ち合わせは三日の朝に青森である。

そう、三日の朝に青森。実に曖昧《あいまい》かつ大胆な待ち合わせであり、「七時にいつもの呑《の》み屋で」などというぬるい約束とはワケが違うのだ、何が違うかというと先が長いのだ、つまりは細心の注意を払わなければならぬのだ、何の注意かというと酒

夜中なのに

量である。

というわけで午後八時、「無謀だ」と警告するコパパーゲ氏を振りきって、ビール一本だけをコパ号に持ち込んで、苫小牧《とまこまい》へ向かう。そして案《あん》の定《じょう》、車が隣り町に入る前に飲み干してしまって、呆然《ぼうぜん》とする。全然、足りない。そりゃそうだ。むしろなぜ十分だと思ったのか。一体いくつになれば私はおのれを知るのか。霊場恐山は私におのれを教えてくれるのか。

中途半端な酔いの私を乗せて、車は夜道をひた走る。ちなみに札幌は前日から霙《みぞれ》は降るわ雨は降るわ風は強いわ波浪注意報でてるわ、というまるでこの旅の何かを象徴するような空模様。しかしそれが何かはわからないまま、旅は始まった。

午後一〇時過ぎ、苫小牧西港フェリー乗り場到着。「俺は何度もこのフェリーを利用したことあるけど、いつもガラガラなの。二〇人くらい寝られるスペースに俺一人だったりするの」と豪語していたコパパーゲ氏に、だれかGWの意味を教えてあげてはくれないものか。そう実感したのは乗船手続きに並ぶ長蛇《ちょうだ》の列を見た時。その人数に、さすがにちょっと慌《あわ》てた風のコパパーゲ氏より指令がくだる。

「俺は車を入れなきゃいけないから、キミコさんが頑張って二人分のスペースを確保して。うまくやって」

う・ま・く・や・っ・て。

ああ……かつて私が私の人生において何かをうまくやり遂げたことなどあったろうか、いやない（反語）（そして真実）。もちろん今回も何一つうまくやれず、人波に流されてオロオロしているうちに、居心地のよさそうな場所はことごとく他人様《ひとさま》

夜食。心にしみる

お守り。大事だ。心の支えだ

の手に渡り、それどころかコパパーゲ氏と二人並んで休むスペースすら取れず、「し、仕方ないか、縦に並んで寝ればいいか」と確保したちっぽけな居場所までもがじわじわと周りから侵食され、結局私にできたのは「早く！　早く現れてよ！　コパパーゲ！」と二等船室の隅《すみ》っこで激しく叫ぶことだけ。

ああ、コパパーゲ氏と知り合って十数年、こんなに強く彼を求めたことがあっただろうか、いやない（反語）（そして真実）。まさかこんな日がくるとは思わなかった。

それでもなんとか無事に出航。出航後はコパパーゲ氏が作ってきた夜食を食べたり、コパパーゲ氏が「これお守り。つらい時はこれで乗り切って」と買ってくれた酒を握り締めたり、そんな彼の気遣いに「なんていい人なのかしら、たとえGWの意味を知らないとしても」と優しい気持ちになったり、かと思えば「せっかくだから甲板に出てみる？　港の灯《あか》りが見えて綺麗《きれい》だよ」という女衒《ぜげん》のような甘言にのって外に出たら寒さで凍死しそうになったり、そして最後は「二〇人くらい寝られる」はずのスペースに三〇人くらいがぎゅうぎゅう雑魚寝《ざこね》、見知らぬおっさんに頭を蹴《け》られたりしながら就寝した。蹴るなよ。

ちなみに同じ夜、一足先に青森で合流していた内地組のシマさんとみわっちは、前夜祭と称して大変素晴らしい夜を過ごしていたことを後にツイッターで知った。

その前夜祭メニュー。

「こごみ、くわだい、帆立のきもあえ。ぬる燗でタコ（生きている）、シャコ、赤貝、ソイ、ホッキ貝、ウニ。冷やでうど、きのめ、ふきのとう、はりぎり、こしあぶら、カニのみそあえ、熱々の高野豆腐、うど。冷酒で帆立のカルパッチョ。〆は姫竹のおみおつけと、お新香とご飯」

既に一週間以上の時が経ったというのに、こうして書いているだけで取り乱しそうになる。

二日目

五月三日（火）

午前七時。

寝たのか寝てないのかわからないような長い夜がようやく明け、せっかくだからとフェリーで朝風呂。そこで生涯で一番おっぱいの大きい女の人を見る。あまりの

津軽海峡は心の故郷（大嘘）

迫力に、「いいものを見た、これを見られただけで混んだ船に乗った甲斐があった」と感動しながら席に戻ったところ、寝ていたはずのコパパーゲ氏の姿はなく、その代わりといってはなんだが、夜中に私の頭を蹴飛ばしたおっさんがジャージを手に、「これは連れの人の？　私の寝袋の上に乗ってたんだけど失礼じゃないですか！」といきなり詰め寄ってきた。

いや、知らんよ、ジャージまで見てねえよ、それよりおまえ頭蹴飛ばしたこと謝れよ、寝袋と頭とどっちが失礼だよ、という思いをこめて全力で無視すると、今度は戻ってきたコパパーゲ氏に同じ苦情を申し立てている。コパパーゲ氏は謝っていたが、しかしこれだけ混雑してるんだから荷物くらいぶつかるだろうよ。腹立ちの中、そのおっさんには「今後トイレに行きたければ行きたいほど必ず個室が塞《ふさ》がっている」呪《のろ》いをかけておく。苦しむがいい。

朝食は船内ロビーにて、これまたコパパーゲ氏作のお弁当。いそいそと包みを広げる姿に、なんだろうこの人、お嫁さんだろうか、と思いながらもありがたく頂戴する。「あら、ちょっとご飯が柔らかいわね」などと自らダメ出しするお嫁さん。ロビーのテレビでは、朝の連続テレビ小説『おひさま』が流れている。おじちゃんおばちゃんがどこからかぞろぞろ集まってきて、「陽子ちゃんの着物、お正月なのにちょっと地味だね」などと口々に言うのを聞きながら、我々もともに鑑賞した。それにしてもおばちゃんはなぜテレビに話しかけるのか。午前九時過ぎ下船。


その後、青森駅近くのホテル前で内地組と無事に合流。

もうこれで旅の目的はほぼ達成されたような気がするが、実は本番はこれからというわけで、とりあえず会計係を決める。コパパーゲ氏はガイド兼運転手で手一杯、私は酒呑んでばっかではなから当てにされず、シマさんはかつて一緒に歌舞伎を観に行った時の「幹事引き受けたのはいいけど、あんまり簡単な計算ができなくて泣いいちゃったよ〜。比喩《ひゆ》じゃなくてホントに泣いたんだよ〜、大人なのに」という過去がトラウマとしてあり、消去法でみわっちに。だが彼女は二月に北海道へ来た時、コンビニで、

「エディでお願いします」

「残高が足りないんですが……」

「あ、ではこのカードでチャージを」

「すみません、うちではできないんです」

「え？　じゃあこっちのカードで」

「いえ、だからできないんです」

「あ、わかりました、現金で払いますね」

「はい」

「あ……お金ありません」

みたいなことがあったのだけれど、はたして大丈夫なのだろうか。というか、圧倒的な人材不足ではないのか、この旅は。

コンビニで飲み物などを仕入れた後、最初の目的地である尻屋崎《しりやざき》へ向かう。人数が増え、一気に賑《にぎ》やかになったコパ号の後部座席では、シマさんが「コパパーゲ氏が一人でずっと運転するのは大変かと思って免許証持ってきたからね」と優しい声をかけつつ、にこにこビールを呑んでいる。私も「そうそう、私も免許証持ってきたからね！」と助手席から応援しつつビールを開ける。「私は免許持ってないですけど大丈夫ですよ」とちょっとわからないことを言いながら、みわっちも飲酒をは

食事中につき触るべからず

白亜の灯台。「白亜」って言ってみたいだけ

じめる。声を大にして訴えたいが、大事なのはできるできないではなく、やはり気持ちではないかと思う。

尻屋崎の目的は、白亜《はくあ》の灯台と放牧されてる寒立馬《かんだちめ》と、昼食と、食後の薬。食堂の窓から見える寒立馬の馬糞《ばふん》を「あれは一年もの、それはもっと新しい、あ、こっちは出したてホヤホヤ」などと検証しながらそれぞれ薬を取り出す姿に、我々もずいぶん遠くにきてしまったなあといろんな意味で感慨ひとしお中年下北の旅である。

さて、車はいよいよ恐山へ。いやがうえにも期待が膨《ふく》らむ我々の前に、霊山の名にふさわしい険《けわ》しく幻想的な山道が姿

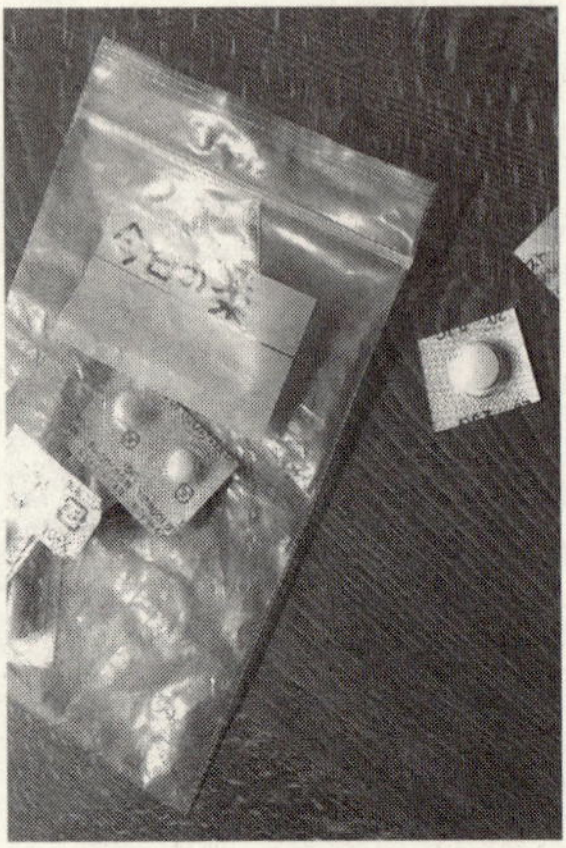

お薬の時間

もう日が傾きかけている

を現す。一つカーブを曲がるたびに現世から離れていくような不思議な景色の中、車内でもそれぞれが自らの半生を振り返り、人として生き、人として死んでいくことの意味を思い思いに語……ったんじゃないかと思う、私以外の人は。私はビール呑んでお腹いっぱいになったらなんか眠くなって寝ちゃったのでよくわからないが、気持ちとしてはそうであった。重ねて言うが、大事なのは気持ちではないかと思う。

午後四時。閉門が迫る時間のせいか、あるいはほんの二日前に開山したばかりという時期のせいか、到着した恐山にほとんど人の姿はない。賑わいというところからはほど遠い風情だが、しかしそれ

人は皆どこへ向かうのか

いざ恐山

がまたよい。意外なほど清涼で荘厳な空気を味わい、まずはお寺にお参り。するとみわっちが、

「お賽銭《さいせん》いくら入れます？　一〇円にしようか一〇〇円にしようか、すごく悩むんですけど、いくらにします？　一〇〇円？　一〇円？」

　と非常に俗世的なことをしきりに言う。そこはそんなに悩むことなのか。しかもなぜ二択か。よくわからないが「一〇円にしなさい」ととりあえず言ってみると、本当に喜々として一〇円を入れていた。人様の迷いを一つ祓《はら》ってあげられてよかったと思う。功徳《くどく》を積んだ。

　お参りを済ませ、いよいよ賽《さい》の河原や無間《むげん》地獄や血の池地獄など、恐ろしい名

この向こうに極楽が

前のあれこれを巡る。時々、立ち止まって前を行く三人の写真を撮ってみるも、そろそろ日も傾きはじめ、それでなくとも天気は今ひとつで、おまけに逆光という条件下、あらゆる写真がすべて「死出《しで》の旅」風味になるのは致し方ないのか。荒涼とした風景にまるで同化していくように遠ざかっていく三人の後ろ姿を見ていると、「人は所詮《しょせん》みな独りなのだ」としみじみ思う。というか、私がもたもたして置いていかれて独りなのだと思う。さっさと歩くといい。

ところで恐山には、地獄だけではなく極楽もあるのはご存知だろうか。青い湖面と白い砂浜が眩《まぶ》しい湖のほとり、いわゆる極楽浜と呼ばれている大変美しい場所だが、この日、そこに膝《ひざ》を抱えてずっと座っている女の人が一人見えているのが大変気になった。何か思うところがあってああしているのだろう。しかし、もしかすると本当は「いない人」である可能性もないことはない。そのあたりのことを確認したかったが、万が一私にしか見えない人であり、そうであるにもかかわらず目が合

極楽なんだか地獄なんだか

おかみさーん、時間ですよー

ったりしては非常に厄介《やっかい》なことになりそうなので、彼女の存在は一人胸に秘めておくことにする。

後に恐る恐る確認したところ、シマさんも彼女を目撃したと知って胸をなで下ろしたが、他の二人はやはり見ておらず、最終的には心のきれいな人にしか見えない妖精である可能性が残った。

ちなみに昔の人々が「極楽」と称した景色を、シマさんは「二時間ドラマの最後で犯人が犯行を告白するのにぴったりの場所」と言い、私は「仮面ライダーでショッカーが、イー！　とか叫びながら岩陰から現れそうな場所」だと思った。どういう景色かありありと目に浮かぶと思う。きれいな心の目で見る風景はさすがではないか。

地獄・極楽巡りを終えたところで風呂。恐山は、全体的に登別《のぼりべつ》の地獄谷から「整備」という概念を抜いたようなところであるからして（どうしてそういうことを言うか）、もちろん温泉が湧《わ》いている。湯船が二つあるだけのシンプルな湯殿には先客が一人。軽い気持ちでとなりの湯船に浸《つ》かろうとするも、これが熱い。あちちあちちと騒いでいると、「こっちはぬるいですよ」って、あらご親切にすみません。

親切な彼女はその後も、「慣れると熱い方でもずっと入っていられそう」と言ったシマさんに「お湯がきついから長風呂はダメって注意書きにありましたよ」と、ピアスをしたままのみわっちに「それも変色するから取った方がいいって書いてありましたよ」と、今にも顔をばしゃばしゃしそうな私には「肌が荒れるから顔も洗っちゃいけないらしいですよ」とそれぞれ注意を促《うなが》し、絶妙のタイミングで我々を危機から救ってくれた。今になってみれば仏様の化身だったのかもしれないとも思うが、それより我々大の大人三人が三人とも、注意書きひとつ読まないとはどういう了見か。猛省を促したい。

恐山の入山料金は五〇〇円である。「日帰り温泉に来たと思えばお得ねー」と口々に言いながら（だからどうしてそういうことを言うか）、湯上りのさっぱりとした気分で下山。もしや先に風呂に入って身体を清めてからお参りするべきものではなかったか、というかすかな疑問を胸に、今夜の宿・薬研《やげん》温泉へ向かう。

後に「恐山の風呂で、極楽極楽って言いましたか?」と知り合いから訊《き》かれ、それが思い浮かばなかった自分を激しく責めることになるのだが、この時はまだ失態に気づいてはいなかった。気づいた今は非常に悔《くや》しいので、もう一度あの湯船で「極楽極楽」と言うだけのために再び恐山に行くことを、ここに宣言しておく。

薬研温泉もまた山の中。我々が泊まった静かな古い宿にはカメムシが出没するらしく、注意書きが置かれていた。恐山の風呂で注意書きを読まずに間一髪、仏様の化身に助けられた我々は、ここではそれを熟読。書けそうでなかなか書けない独特の文体に心打たれる。その様子を見ていた仲居さんが、何か勘違いしたらしく、「さすがに今の季節はまだ出ませんよね」というコパーゲ氏を、「いえいえそれが案外出ますよ、多い年には酷《ひど》いですよ、大丈夫ですよ」と励ましてくれたのだったが。ありがとう。でも、別に我々はカメムシに遭遇したいわけではないのだった。全然「大丈夫」ではない。

到着後はのんびり風呂と食事。どんなご馳走であったか詳細に報告したいのだが、旅の間中、食事の写真を一枚も撮っていないこともあり、残念ながらよく覚えていない。では何の写真を撮っていたのかというと、データにはビールの画像がたくさん残っていて、私が何に興味と好意を抱いているのかを如実に表しているのだった。

この日は一〇時過ぎに就寝。酒盛り用のアルコールを用意するのを忘れる、という致命的なミスを犯したにもかかわらず、前夜のフェリーでの睡眠不足のおかげでビールも飲まずに早々と倒れこむ。疲れていて本当によかった。元気だったら暴れ

「極楽極楽」と言うべきであった

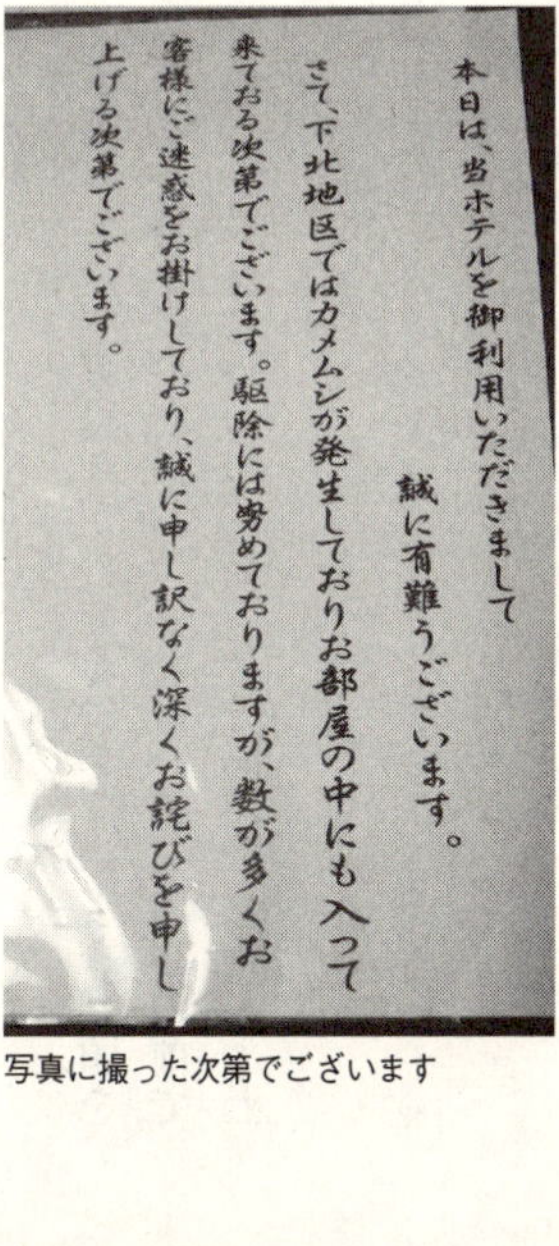
本日は、当ホテルを御利用いただきまして
誠に有難うございます。
さて、下北地区ではカメムシが発生しておりお部屋の中にも入って
来ておる次第でございます。駆除には努めておりますが、数が多くお
客様にご迷惑をお掛けしており、誠に申し訳なく深くお詫びを申し
上げる次第でございます。

写真に撮った次第でございます

るところだった。

眠りに入る瞬間、ああ布団って素晴らしい、寝返りが打てるって夢のよう、頭を誰かに蹴られないって本当に素敵、フェリーでのあのおっさんが今頃トイレの前でお漏《も》らしして泣いてますように、としみじみ思いつつ、旅の半分終了。わたしゃわりかし執念深いからチューイして。

三日目

五月四日（水）

午前四時起床。

いや、だから午前四時起床。

前夜、家にいるより早寝した甲斐があって、こんなに早く目が覚めるわけだが、それにしても早すぎだろう。歳をとるとはこういうことか。シマさんに至っては、もう朝風呂というか夜中風呂を済ませてきたという。

「真っ暗だし怖かったけど勇気を出して行ってきた」

そうであろうそうであろう。真夜中の大浴場をたった一人訪れるには、かなりの勇気がいるであろう。なにしろ途中の廊下や階段にじっと蹲《うずくま》っている人がいるかもしれないし、脱衣場に服はないのに浴場から水音がしているかもしれないし、脱衣場に服はなく水音もしていないのに湯船に人がいるかもしれないし、湯船に人はいないのに鏡に誰かが映っているかもしれないのだ。しかしシマさんによると、そのようなことは一切なく、静かにお風呂を楽しんだという。

「誰もいなかったよ。一人だった」

本当によかった。もし誰かがポツリといたとすれば、それはかなりの確率で昨日恐山の湖のほとりに佇《たたず》んでいた人であったはずだ。いないということは、やはりあの人は実在の人物だったという点でもホッとする。シマさんの勇気をたたえつつ、二度寝。

七時半朝食、八時出発。のスケジュールを昨夜コパパーゲ氏は提案したが、いやいやおっさん何を言っておるのか八時からは「おひさま鑑賞会」を開かねばならないではないか今週は陽子ちゃんが失恋するのだぞ少女の一大事だぞ、という女性陣の声に押されて出発を三〇分ほど遅くする。これが後に危機的状況を招くこととな

あんまり河原っぽくはない

るのだが、この時はまだ誰一人として事の重大性に気づく者なく、のんびり仲良くテレビ鑑賞にいそしんだ。

具体的には、カフェの女給さんと恋に落ちた陽子ちゃんの初恋の人がやって来て、「この恋は家族に反対されている。どうか皆さんには祝福してもらいたい」と頭を下げる姿を見ては、「人にものを頼むのに座布団敷いたままとはどういうつもりだ」と憤《いきどお》り、「学校を辞めて満州に渡り、彼女を幸せにしたい」と決意を語る場面では、「悪いこと言わないから卒業しなさい。そして予定通り医者になりなさい。それからでも遅くない」と諭し、その説得が届かないと知るや否や「まったくこれだから今の若いもんは」と時制を混乱させたままひと通り嘆いた。

十分楽しんで満足するが、それにしても本当におばちゃんはどうしてテレビに話しかけるのか。フェリーで陽子ちゃんの着物に文句つけてた人々のことを言えないのではないか。

そして本来ならば、ここで朝食の画像を載せたいところであったが、前回も申し述べたように一枚もそのような洒落《しゃれ》た写真はないので、賽の河原を載せてみた。こうして見ると、あまり河原っぽくない。やはり標識ではなく、河原部分を撮るべきではなかったかと思う。

午前九時前、出発。

今日は大間《おおま》からフェリーで函館へ行かねばならない。一昨日あんなに苦労して渡ったしょっぱい川（といっても今時誰にも通じない予感）をまた戻るとは、一時間かけて作った夕飯を一〇分で食べるような気分に似ているような似ていないような、まあたぶん似ていない。

とりあえずコパ号で最初の目的地、脇野沢《わきのさわ》の野猿公苑《やえんこうえん》を目指す。そこで猿を見るのだ。北限の猿なのだ。北限の猿は、みんな仲良くノミを取ったり、毛繕《けづくろ》いしたり、温泉に入ったりしてるはずなのだ。それを見るのだ。だがその前に酒を呑むのだ。と、車に乗り込んだ瞬間に躊躇《ちゅうちょ》なくビールを開ける女性陣。その朝からプシユプシュ響く音に、コパパーゲ氏は今日も一日一人でハンドルを握る覚悟をしたという。後の「あんたらその免許証使う気ないなら仏壇にしまっておきなさい事件

（今考えたけど）」である。

出発後ぽつぽつきていた雨が、野猿公苑に着いた頃には本格化。土産物屋で傘を借り、二〇〇円払って猿を見に行く。だが、ますます雨は激しくなるわ山の中だわで、率直に申し上げて大変寒い。そりゃ猿もかたまるわな、ということで北限の猿たちは動く気配すらなく、小さなサル山でただひたすらおしくらまんじゅう状態。誰もノミなど取らず、毛繕いもせず、むろん温泉も入っていない。というか、温泉なんてどこにもない。じっとしたまま動かない猿まんじゅうを、ブルブル震えながら呆然と眺《なが》める中年四人組。何だろう。こういうの何ていったっけ。

「思ってたのと違う……」

そうそれ！　それ言いたかった！　全員の気持ちを代弁するかのようなシマさんの言葉に頷《うなず》く我々。まあ、最初から何かを決定的に勘違いしていた気もしないでもないが、その勘違いも含めたすべてが、下北の山中に物悲しく吸い込まれていく。

「戻ろうか……」

うなだれたまますごすごと撤退。世にいう「これに二〇〇円払ったかと思うと胸の奥底から黒い気持ちがふつふつと湧いてくる事件（そのまんま）」である。

とはいえ、晴れていれば猿ももっと元気で、この小道を上ればそこには猿の楽園が広がっているに違いない「希望の道（命名・私）」などもあって、今回は単にタイミングと日頃の行ないが悪かったのだろう。そういえば駐車場に戻る途中、猿まんじゅうからぽつりと離れた一匹を指差し、「あの猿、あられもない格好で股間《こかん》から見えてはいけないものが見えている気がします！　いいんでしょうか？　いいんでしょうか！」とみわっちが騒ぐので、とりあえず写真に撮ってみたが、どう考えてもいいに決まってるのだった。つまりはこういう日頃の態度が影響しているのではないか。

おしくらざる

ひとりぼっち

猿に別れを告げ、ますます激しくなる雨の中をコパ号はひた走る。くねくねとした山道を行くうちに、あたりに怪しげな雰囲気が漂いはじめた。昼間とは思えぬ暗さにライトを点《つ》けるも、それを嘲笑《あざわら》うかのようにガスがかかり、視界は極めて悪く、ごくたまにすれ違う対向車に運転手の姿はない（それはうそ）。どこか幻惑的な風景を走りながら、私の胸には一つの思いがよぎった。

もしかすると、我々が向かっている先は大間などではなく異界なのではないか。

ああ、きっとそうだ。ここを抜ければ目の前に桃源郷が広がるのだ。我々はそこで新しい自分に生まれ変わるのだ。桃源郷では水道の蛇口をひねればビールが溢《あふ》れ、道を歩けば一億円が落ちており、隣りに佐藤浩市が越してくるのだ。そうだ、そうなんだ。その時を信じて頑張ろう。具体的に誰が何を頑張るかというと、コパーゲ氏が運転を頑張ろう。私は横でビール呑みながら「ねえねえ、桃源郷って絶対仕事しなくていいよね。道にお金落ちてるよね。ねえねえ」と言っては、編集者であるみわっちに「またか！　またそれですか！　いい加減にしてください！」と叱られるのに忙しくて、何も頑張れなかったので仕方がないのです。

車は仏ヶ浦《ほとけがうら》を通過。コパパーゲ氏が宿の人に「は？　海岸まで下りる？　あははは、素人さんにはとてもじゃないけど無理無理」と軽く笑われたこともあり、海岸に下りることは諦《あきら》める。というか、車を降りることすら諦める。いわゆる素通りというやつだが、しかしやはり我々はあの真っ白な山道の中で何かを越えてしまったようである。気がつけば仏ヶ浦展望台あたりから天気がみるみる回復し、下界へ下りる頃には青空が広がりはじめていた。一体我々は何を越えたのか。やがて眼前に現れる集落の姿。

「ほら、もうここは新しい世界」

異界への道

仏ヶ浦

「きっと人ならざる者が住んでいる村」

「迷い込んだ我々は一人また一人と殺されていく」

「彼らは逃げる手段を奪おうと、まず運転手のコパパーゲを血祭りに」

「いや、その前に誰か印象に残らない人間が殺されるはず、テレビ的には」

「で、そこから一人また一人と」

「最後は免許を持たないみわっちが」

と、どうやら我々が越えたのは二時間ドラマの世界への一線のようなのだった。

ちなみに最初に殺される役には、シマさんが立候補。

「車の中でものすごいハイテンションで一人で騒いでるくせに、あっという間に殺《や》られちゃうのアメリカのホラー映画によくいるタイプ」

役作りも完璧《かんぺき》なのだった。

山を下りれば大間はもうすぐである。「大間でマグロを食べずに日光で結構と言うなかれ」という言葉があるように（ないです）、大間といえばマグロ。

そのマグロをフェリーまでの時間にゆっくり食べましょうと思っていたら、なんと朝の「おひさま鑑賞会」の呪いにより、時間がほとんどないことが判明する。二時二〇分発のフェリーに乗るためには、一時四〇分までに乗船口に並んでいなければならず、一時四〇分までに乗船口に並ぶには、見知らぬ町で店を探してそこに移動して四人分注文して待って食べて再び港に移動する、ということを二〇分の間に成し遂げねばならないのだった、つまりは今一時二〇分なのだった。

気づいた瞬間、目の前が真っ暗になる。だが、我々は決して諦めなかった。「大間に来てマグロを食べずに結構と言うわけにはいかない！」という執念にも似た皆の思いと、「今このまま船に乗ったら空腹で船酔いして絶対吐く！」という私の脅迫のような訴えに衝《つ》き動かされるようにして、素早く行動開始。うっかりパスタや焼き肉の店で妥協しそうになりながらも、この旅で唯一口にし、また耳にした「迷

むくむくなのは雲

新しい世界

ってる時間はない。次へ」という前向きなセリフを合言葉に、ついに一軒の寿司屋《すし》を見つけることに成功したのだった。

そこでは「とにかくマグロをとにかく急いでとにかくお願い」と注文。先に支払いを済ませ、トイレにも行き、箸《はし》を割って準備万端マグロを待つ。おそらくは焦っていたのだろう、店の大将が何度も放つ「何時のフェリー？」という質問に、「二時二〇分。でも港へは一時四〇分」と答えているうちに我々も混乱、どういうわけか最後は「二時四〇分」のフェリーのような気がしてきてしまう。あげくの果てには、「二時四〇分なら、少しくらい遅れても大丈夫じゃない？　二時くらいまでは待っててくれるんじゃない？」と言い出す奴まで出る始末。

一瞬、それもそうかもと納得しかけたものの、しかし言い出したのが、寝坊やうっかりミスやらで飛行機および新幹線への乗り遅れの過去を持つみわっちであったことから、ギリギリのところで我に返ることができたのだった。本当に日頃の行ないは大事なのである。

結局、「こんなに急いでマグロを食べたのは生まれて初めて」というシマさんの言葉に象徴されるような昼食を終え、なんとか予定通り港へ。もちろんマグロの写

お約束の光景

おい鬼太郎！　ただならぬ妖気じゃ！

真は撮っていないので、車中の私の後ろ頭を載せてみる。よくよく見ると寝癖がついているが、いつものことなので気にしてはいけません。なにはともあれマグロを食べて、これで大間に心残りはなし。と言いたいところだが、ただ一つ、港の売店にあった「オーマの休日」グッズを買わなかったことだけは今も激しく悔いている。あれは他の三人を質に入れてでも買っておくべきだった。

ところでフェリーは、函館までを一時間四〇分で渡るという。一昨日九時間余りかけて移動した津軽海峡を、わずか一時間四〇分。なんとこの二日の間に人類は七時間以上の短縮を実現したのか。ということは、あと二日ほど旅行を遅らせていたら、私も船で見知らぬおっさんに頭を蹴飛ばされるような目には遭わなかったのか。と、驚きとともに我が身の間の悪さを嘆きたくなるも、もちろんそんなことはないのだった。さすがに人類そこまでじゃない。苫小牧―青森に比べ、大間―函館間が、回覧板回したくなるほど近いのだった。

フェリーでは「婦人席」という名の部屋でのんびりと過ごす。だが、婦人ではないコパパーゲ氏は当然入室することができない。婦人席に悠々寝転がりながら、混雑している一般席に置き去りにしたコパパーゲ氏のことなどを考える。彼に付き合って一般席に行く気はさらさらないが、せめて女装などを提案すればよかったのではないか。そう後悔しつつ、私は女となった彼に思いを馳せる。

婦人席の窓から、海を眺める女コパパーゲ氏。一人称は「あたい」。ふだんは大間のスナック「北海峡」で働いているが、休みの日には函館の息子に会いに行くために船に乗る。

成績のよかった息子を函館の学校へ入れて二年、もう何度このフェリーに乗ったことだろう。けれども最近息子はあたいにあまり笑顔を見せなくなってきた。それどころかあたいの口紅の色にも顔をしかめる。わかってる、息子はあの人のことが気に入らないのだ。あたいが今一緒に暮らしているあの男。東京から流れてきたというあの人はほとんど昔のことは喋《しゃべ》らない。でもあたいは知ってる。あの人にはとても悲しい過去があることを……。

って、女コパパーゲ氏の人生も大変そうなのだった。

午後四時、函館着。乗船時から乗務員の一人が船越英一郎《ふなこしえいいちろう》に似ていると主張するシマさんは、下船時に本人に突撃取材を試みる。

「船越英一郎に似てるって言われませんか？」

「よく言われます」

えええええっ！　まさかとは思ったが、これはいよいよ大変なことになった。つまり我々はあのガスのかかった山道を越えながら、やはり二時間ドラマの世界に迷い込んでいたに違いないのだ。

津軽海峡冬景色（春だけど）

なんということだろう。この後、おそらくわけのわからないうちにシマさんが殺され、次に運転手であるコパーゲ氏が殺され、さらに免許を持っている私が殺され、最後にみわっちが誰かの何かのすべての秘密を知ったところで殺される。そこへ現れる船越英一郎。彼は変わり果てた我々の遺体写真を前に、得意の息継ぎなし話法で呻《うめ》くようにつぶやくのだ。

「こ、これは……船で見かけた美女三人連れ！　あまりに美しいから覚えていたのに、まさかこんなことになるなんて。一体誰がこんな惨《むご》いことを。いや、誰だろうと関係ない。犯人はきっとこの俺が……。というか一緒に死んでいるこのおっさんは誰だ」

まあそのおっさんはコパーゲ氏で、英一郎は我々美人しか目に入っていなかったわけだが、いずれにせよ真相究明を誓った彼は怪しい一人の女を追って恐山の湖のほとりに……って、もしやあの人か？　あの極楽浜にいた人が犯人なのか？　すべては繋《つな》がっているのか？

到着した函館の宿はなにもかもが豪勢。その豪勢さに圧倒されたのか、仲居さんに部屋まで案内されながら、館内についてあれこれ説明を受けながら、部屋の中を

心なごむ光景

人生はロマンだ

キョロキョロ見回しながら、コパパーゲ氏がずっと小さな声で訴え続けている。

「やっぱあの山道で俺ら渡ったんだよ、何かを渡ったんだよ、ここは別世界なんだよ、ほんとは俺ら死んでるかもしれないよ」

うん、知ってる。というか船の中で知った。でも大丈夫。船越英一郎がきっと犯人捕まえてくれるから。安心して。

夕食後は夜景を見るため函館山へ。風呂にも入ったしビールも呑んじゃったしなんせ寒いしで迷ったのだが、「函館で夜景を見ずして大間で結構と言うなかれ」という言葉もあるように（ないです）、やはりここは外せない。専用バスで函館山へ向かう。

その車内では、「ナポリと香港、そしてこの函館が世界三大夜景と言われていまず」というガイドさんの言葉に、突如みわっちが「神戸は？　神戸は？　神戸の夜景だって綺麗だよ！」と小声で異議を唱えはじめ、面倒くさくて仕方がない。神戸出身者としての故郷への愛だというが、そもそも恐山の温泉では「江戸っ子だから熱いお湯は平気～」と言っていたのを私はしかと聞いたのだ。なんだろう、この人。どうしてこう思いついたことをすぐ口にするのか。本当に神戸出身なのか。

函館山夜景観光、その名は「夜景ロマンコース」。本来ならここでバーンと美しい夜景写真を載せたいところだが、私の手元にあるのはなぜかうら寂しい漁火《いさりび》的写真か、あるいは周りの若い男女が手をつないだり肩を寄せ合ったりしている中で、おばちゃん（私だ）が場違い的にニッコニコしているものしかなく、掲載は見送りたい。それにしてもこれだけカップルがいるというのに、どんなに耳をすましても「わあ！　とっても綺麗！」「君の方が綺麗だよ」という由緒正しい会話は聞こえず、ロマンであるのにそういうところの手を抜いて恋愛をしようとは、まったくもって今の若い者はけしからんのだった。

宿に戻った後は、のんびりと飲酒。昼間、みわっちには「わかっちゃいるけど、キミコさんがお酒買うたび、そんなに呑むの？　と驚いちゃう」と呆《あき》れられ、しかしコパパーゲ氏には「いや、酒量は落ちたよ、歳だねえ」としみじみされたビールを呑む。まあビールの美味《おい》しさに揺るぎはないからいいものの、それにしても私は一体どっちなの？　酒量は多いの？　少ないの？　呑兵衛《のんべえ》なの？　下戸《げこ》なの？　ていうか今そもそも生きてるの？　もしくはやっぱり死んでるの？

四日目

五月五日（木）

六時半起床。

眠くて開かない目をこじ開けるように朝風呂、朝食、「おひさま鑑賞会」。

ドラマでは、陽子ちゃんのお父さんとお兄さんの女心のわからなさに驚いたが、現実世界では、朝食時に放たれた「洗車サービス係がコパ号のキーを中に閉じ込めてしまった」という仲居さんの告白になにより驚く。車で訪れた宿泊客の洗車を無料で引き受けるサービスなのだが、おそらくはほとんど毎日繰り返しているであろう仕事で、もっとも基本的と思われるミスを犯す洗車係の人。してはいけないミスに限って狙《ねら》ったようにやってしまうその性質は、まるで私ではないですか。親近感が湧き、遠い函館の地でまさかの親友に会った気持ちになる。名前を聞いておけばよかった。

鍵屋さんの奮闘で解錠《かいじょう》に成功したコパ号で、午前九時過ぎ朝市へ向けて出発。抜けるような青空は、この旅一番のお天気であった。もう帰るという日になってのこの晴天は、なんとか間に合ったというべきか、ギリギリ間に合わなかったというべきか。微妙な気持ちを抱いたまま朝市をぶらぶら歩く。観光客で賑わう通りは、看板お婆さん犬が店番をしていたり、店先に置いたペットボトルのクリオネで客寄せをしたりと、様々な客引きが展開されている。が、しかし今時そんなわかりやすい作戦に引っかかる人がいるだろうか、せいぜい子供がふらふらと吸い寄せられていくくらいではないか、と思って見ていたところ、なにやらどこかで見たことのある人が、まるで操られるようにクリオネに近寄り、店の人とにこにこ言葉を交わしたかと思うと、あれよあれよという間に毛蟹《けがに》の伝票を手にしているではありませんか。

「あ、シマさん……」

「クリオネいるよ！」

彼女の見せた笑顔と、クリオネ発見から蟹購入までの実に自然で流れるような動きを、私は生涯忘れることはないだろう。それは実に正しい観光客の姿であり、と同時に私が朝市の人ならサクラとして働いてもらいたいくらい美しかったのだった。


で、ちなみにその朝市で私が何をしていたかというと、あちこちで蟹の写真を撮り、撮ったうちの一枚をみわっちなどに見せ、「……な、なんかこれ、交尾っぽくね？」と言っては、「はあ？　全然違うわ。馬鹿か。中学生か。あっち行け」と一《いっ》

ちゃんと長靴を履いている

リボンは写ってないけど、リボンの似合うおばあさん

渾身のシモネタ

蹴《しゅう》されたりしていたのだった。渾身《こんしん》のシモネタ失敗。

GWの函館といえば桜、桜といえば五《ご》稜郭《りょうかく》公園。というわけで買い物の次は五稜郭公園へ行きましょう。天気もいいことだし、美しい桜の花の下、皆でぶらぶらと散歩でもいたしましょう。という計画は、しかしすぐに無謀であったことが明らかになる。そう、我々はやはりどこか連休を甘く見ていたのだ。見よ、この渋滞を。

公園に近づくに連れ、徐々に進まなくなるコパ号。だが、これはちょっと花見は難しいかもねえと沈滞ムードが漂い始めた車内の空気は、「あ！　今前の車のカップルがキスしてました！」というみわっちの発言で一変する。

「キッス！」

「いかん！」

「何が！」

「だって！」

「車で！」

「運転中に！」

「まだ午前中！」

「キッス！」

「いかん！」

「見えるし！」

「いや！」

「春！」

「だって！」

「どっちから？」

「女？」

「男？」

「どっち？」

　と、我を忘れて叫ぶ人々。

「女の子からでしたよ。見ててください。あの様子じゃ、たぶんまたしますよー」

と、なぜか余裕の笑みを浮かべて答えるみわっち。

その言葉を信じて、動かぬ車の中で息を詰めつつじっと前方を凝視するも、なぜか一向にその気配がない。じわじわと湧き上がるみわっちへの疑惑を胸に、「ねえ……もしかしてまたどうでもいい嘘《うそ》ついてんじゃない？」と思い切って問うと、「違いますよ！」とムキになって否定していたが、信じてほしければまずは神戸っ子か江戸っ子かはっきりさせてから出直すといいと思う。

結局、前のカップルのキスシーンは見られぬまま、五稜郭公園へ到着。しかしやはり駐車スペースを確保できず、車内からのお花見となる。それでも十分に綺麗。内地組は今年二度目もしくは三度目の桜を、札幌組は今年初の桜を愛《め》でる。春ってすばらしい。

その後、啄木《たくぼく》小公園で逆光で真っ黒にしか見えない啄木像などを眺めた我々は、みわっちのリクエストによりトラピスチヌ修道院を見学する。彼女はほぼ初対面の私に、「私の前世はフランスの修道女だったんです〜。だってワイン好きだし〜」と自己紹介して絶句させた過去を持つ人であるので、やはりなにかこう人知れぬ思い入れがあるのだろう、実に熱心に見学している。何をそんなに見ておるのかと近寄ると、「ああもうあっち行ってください！　またどうせ意地悪なこと言うんでし

札幌より春が進んでいるのが嬉しくて、桜ばかり撮る

鯉のぼりもなびいております

ょ！」と追い払われてしまった。

私は意地悪なことなど一度も口にしたことのない素直な人間であって、このような扱いはまことに遺憾《いかん》であるが、ためしに、

「ねえねえ、修道院っていってもやっぱり女の園だからさ、中では大奥ばりの女のドロドロが繰り広げられているんじゃないの？　ベテランは威張って、新人はいじめられて、そんで修道服の裾《すそ》は踏まれて、大事な礼拝の時間は嘘を教えられて、梨畑の収穫作業なんかじゃ『後はお願い』とか言われて行ってみたら、上の方の梨だけ残されてたりしてさ」

と言ってみると、

「やめて！　私の中の修道院を汚さないで！　ほんとやめて！　いやっ！」

と予想以上に取り乱したので、まあそれは悪かったと思う。ただ、修道女は酒は飲まないと思うので、今後前世についての考えをどなたかに開陳《かいちん》する時は、「ワイン好き」の項目は外すことを衷心《ちゆうしん》より提言したい。

そのみわっちとは、赤レンガ倉庫での昼食の後でお別れとなる。函館にもう一泊して、大学時代のお友達に会ったり、一人教会を巡って「キミコさんからうえつけられた修道院の大奥イメージを払拭《ふつしよく》」したりするらしい。そう言っている時点で既に、修道院のことを考えると自動的に大奥が思い浮かぶシステム、が構築されてしまった気がするが、とりあえずは頑張ってもらいたい。

さて、残りの三人は心も新たに一路札幌へ。あとは札幌で友人のオッカさんやハマユウさんと合流し、ジンギスカンを食べるだけ。と思っていたが、しかしここでも我々はおのれの読みの甘さと直面することになる。見よ、この大渋滞を。

函館市内の渋滞は渋滞ではなかった、あれは単なる低速道路だった、ここは違う、この国道は駐車場だ。そう断言したくなるほど車は動かない。時間ばかりが過ぎゆく車中で、「前の車から少年とお母さんが下りてきて少年が道端でおしっこ。その時を狙いすましたように車が動き出したため、用を足し終わった少年が一目散に自分だけ車に戻り、付き添いのお母さんあわれ置き去りに」事件を目撃したり、「キャラメルを食べたいと思えども差し歯が取れそう、差し歯が取れそうだけれどもキャラメルが食べたい」という激しい葛藤《かっとう》の末、まるで飴《あめ》を舐《な》めるようにゆっくりゆっくりキャラメルを味わうコパパーゲ氏に人が歳をとることの趣を感じたり、ビール呑んじゃいたいけど前述の少年のようになったあげく付き添いのシマさんを置き去りにして走ることになってしまう危険性を感じて諦めたりしながら、長い長いドライブを味わう。札幌に到着する頃には、もうとっぷり日は暮れていた。

めくるめく味付きジンギスカンの世界

結局、予定より二時間ほど遅れてしまったため、オッカさんは残念ながら時間切れとなり、シマさんとハマユウさんと三人で羊を焼きに行く。そして、コパパーゲ氏ともその前にお別れ。長時間の運転、本当にお疲れ様でした。私とシマさんの役に立たなかった免許証もきっと心からの感謝を捧げていると思います。そして今さらこんなこと言うのはあれだけど、というかあの時言おうかどうしようか迷って言わなかったけど、でもやっぱり言えばよかったけど、あれだ、最後、札幌市内に入ってから、もう一つ先のインターチェンジで下りた方がだいぶ早く着いたと思うよ。

というわけで、旅の終わりを飾るのは、味付きジンギスカンである。初めて味付き肉を食べるというシマさんに道産子チームがあれこれ指南、と言いたいところだが、実は私もハマユウさんも後タレ式ジンギスカン文化圏の生まれなので、慣れない作法に緊張気味。

しかも、それを見抜いたかのように、「焦げついたらすぐに言ってください」との耳慣れない指示が店員さんからもたらされたためひっきりなしに肉をひっくり返しては、「焦げてる？」「焦げてない？」「どの段階から焦げ？」「これ焦げ？」「まだ通常範囲内？」「これタレの色？　焦げの色？」「もう焦げ？」と落ち着かない道産子を、「まだ大丈夫じゃない？」「もういいんじゃない？」などと冷静に宥《なだ》めるシマさん、という当初の予定とは異なる構図が生まれたのだった。

お腹がいっぱいになったところで帰宅。函館朝市で購入した鮭《さけ》のハラスが実は嫌いな燻製《くんせい》であることも知らず、旅の思い出に浸《ひた》りながら穏やかな眠りに就《つ》いたのであった。まったくもって今の日本にはびこる、何にでもチーズを練り込む風潮、何にでもきちー（キティ）をまぶす風潮、そして何でも煙で燻《いぶ》す傾向には憤りを隠せない。一体いかなる悪の組織の仕業であるのか。私としては、それを唯々諾々《いいだくだく》と受け入れる世間に警鐘を鳴らしつつ、この長い旅日記を終わりたい。

夏の知床ミステリーツアー

〈日程　二〇一一年八月二〇日—二二日〉
●いっしょに行った人
北海道から
ハマユウさん……北のスーパー幹事。30代女
コパパーゲ氏……編集者（寿郎社）。40代男

二〇一一年八月二〇日（土）

よくわからないまま、道東の旅へ出発。

何がわからないかと言うと、いろんなことがわからない。

順を追って説明すると、一カ月くらい前、コパパーゲ氏に「八月にハマユウさんと知床《しれとこ》行くよー」って言われて「行ってらっしゃーい」と思ったら「あんたも行くんだよー」と言われたのは、まあわかる。

それで「え？　そうなの？」と驚いているうちに「動物見るのと北方領土見るのとどっちがいいですか」とハマユウさんに訊《き》かれて、その時はすこぶる酔っ払って

たから「どっちでも」と答えたのもわかる。

で、「二〇日に出発だよー」と言われたのもまだわかるとして、本気？　本気で行くの？　とか、でもそもそも何で三人で知床？　とか、どうやって行くの？　とか、行って何するの？　とか、どこ泊まるの？　とか、そのあたりが全然わからないまま、気がつけば当日の朝六時に迎えのコパ号が到着していたのである。

ただし、聞けばわからないのは私だけで、二人はいろんなことを全部わかっている模様なので、安心してすべておまかせすることにする。なんだろう、この黙って座ればピタリと道東、みたいな感じは。エスカレーター式の人生ってこういうことを指すのだろうか。エリートか私。

車に乗り込んだ途端、スーパー幹事ハマユウさんから車内メニューが手渡される。「道東への旅なので、ヒグマをあしらってみました」というそれには、車内のアイスボックスに用意された飲み物が酒からウコンまでずらり記されている。す、すごい。私が「パンツは何枚持てばいいかしら。みんな寒い寒いというけど長袖は必要かしら。ていうか、だからそもそもどこ行くのかしら」などということに思い悩んでいる間、この人たちは宿を予約し、買い物をすませ、旅気分を盛り上げるためにメニュー表まで作っていたのだ。

その心遣いの塊のようなメニューを手に私は考える。この恩に報《むく》いるためにはどうしたらいいだろう。私にできることは何だろう。今からでも遅くない、私だけにできること。

「すみませーん、おビールいただけます？」

というわけで午前六時半、朝日を浴びながら本日一本目の飲酒に着手。いやあビックリしましたね。さすがの私もこんな早朝から呑《の》む機会はそうそうないので知らなかったが、身体がね、なんというか一日の活力とかやる気とか英気とか、そういうものを運ぼうと待ち構えていた朝の身体がね、いきなり全力でアルコール運ぶことになっちゃって、まあ回る回る。あげく七時半には出来上がって靴下脱いでるわけですよ。助手席で。ええ、旅はまだはじまったばかり。

そうこうしている間も、かつて「熊と狐《きつね》しか通らない」とあちこちで揶揄《やゆ》された高速道路を、

「こりゃ確かに熊と狐しか通らないっつうか、むしろ熊と狐が通れば上等っつうか、あはははは」

と愉快に快走。〝分け入っても分け入っても青い山〟的な光景の中をひた走る。途中、コパパーゲ氏とハマユウさんの会話を小耳に挟んだところによると、どう

朝のおビールをば

さすがスーパー幹事

やら最初は網走《あばしり》に向かうらしい。エスカレーター式のエリートの身としては、このミステリーツアーがどこへ向かおうが一向に構わないのだが、それはそれとして実は私は道東を訪れるのは初めてなのだ。物珍しさでつい「網走に行くの？」と尋ねる私に、コパパーゲ氏が地図を手渡し、本日の行程を説明してくれた。

「今いるのがこのあたり（どこだか覚えてない）、で、この道をずーっと行って（どう行くか覚えてない）、この山をこうして（どうするか覚えてない）、そしてここへ出て（どこへ出るのか覚えてない）、それから網走行って（あ、その地名は知ってる！）、斜里《しゃり》に行って（それもよく聞く！）、今日はそこに泊まるの（了解！）」

説明を聞いて深く了解する私。が、改めて地図を眺《なが》めているうちに、驚愕《きょうがく》すべき事実が次々と明らかになる。

道東が何か変！　網走が思っていた場所と違う！　北見も違う！　斜里なんて全然別のところにある！　想像よりかなり端っこ！　そうかと思えば根室と釧路の位置がまるで逆！　おまけに厚岸《あっけし》が十勝《とかち》じゃない！　何これ！　この地図古いよ！　オスマン帝国とか東ドイツとか載ってるやつでしょ！　間違ってるよ！　こんなの私の北海道じゃない！

という訴えは、しかし「あはは。キミコさん、地理苦手だった？」という失礼な一言で黙殺されてしまう。まあなんとでも言うがいいさ。旅の間に私の正しさが証明されるに違いない。

やがてコパ号が、長い長いトンネルに入った。どれくらい長いかというと、何かのはずみで外に出られなくなった人々が中に住み着いていそうなくらいである。おそらくは我々と同じように、出口があることを疑うことなくトンネルに進入した彼ら。しかし、思いがけない事態により、はからずもトンネル内で暮らすことになってしまった彼らの、その人生（走っても走ってもなぜか出口が見つからず、やがて車はガス欠で動かなくなり、歩いて出口を目指すもたどり着けず、仕方なく同じ境遇の人々とトンネル内の小さな村で暮らすようになるが、ある日親友の一言によっておのれの身に起きつつある異変に気づく。「サトル〈誰？〉、おまえ、目が……目が退化してないか？」「ま、まさか……」。しかし言われてみれば、自分を見つめるシゲル〈だから誰？〉の顔も陰ったように霞《かす》んでいる。もはや暗闇で生きていくしかないのか。絶望に打ちひしがれる中、年に一度「扉が開く」という噂《うわさ》がトンネル内に広がる。夏至《げし》の朝、わずか一分だけ射しこむ一筋の光を辿《たど》っていけば、そこに出口が現れるというのだ。シゲルが言う。「サトル、一緒に行こう」「いや俺はダメだ、外に出てももう目が使いものにならない。こ

お勤めご苦労さまでございます

瓶ビールが好きです

監獄定食

こで生きていくしかないんだ。俺の分までお前が外で生きろ」「サトル……」。と、その時どこかで「あれだ！　あの光が出口だ！」という悲鳴にも似た声があがっ…）について考えているうちに、車はとっくにトンネルを抜けて、ほどなく網走刑務所に到着。なるほど、ミステリーツアーの最初の目的地は監獄であったか。

夏の「網走刑務所」は、その暗く厳しい言葉の響きとは裏腹な、緑まぶしい爽《さわ》やかな地であった。その広い敷地内を、ゆっくり歩いて見学。常習脱獄犯のとても人とは思えない逸話や、開拓および北方警備のために行なわれたという囚人による道路開削の歴史などを学ぶ。学び疲れてビールも呑む。「監獄定食」も食べる。私はサンマ。ハマユウさんはホッケ。ジョッキではなく大好きな瓶《びん》ビールがあるところなど、本当にいい刑務所だと思った。

お腹がいっぱいになったところで、見学を再開。夏は確かに爽やかだが、冬は寒くて絶対死んじゃうよなと確信する監獄内を改めて回る。長い廊下には、等間隔にストーブが置かれており、房の位置によって非常に寒暖差が激しいのではと推察された。そこで、ストーブ前のもっとも暖かい房に入るには一体どうしたらいいか、どのようなコネと力が必要なのか、いや、そもそもストーブから離れた房ではトイレは用を足す片っ端から凍るだろうが、暖かい部屋ではシバレも甘くなるだろう、ならば凍って臭くないのと凍らずに臭い方、そのどちらを選ぶべきか、などと北の監獄環境について意見を交わす。

ところが、我々がそのような真剣な検討会を開催している横を、若い男女のグループがまるでハイキングのようにきゃっきゃきゃきゃっきゃはしゃいで通りすぎていく

褌一丁で脱獄。逃げた後はどうする気なのか

お風呂場は花盛り

ではないか。うるさい。そしてなんたる不謹慎《ふきんしん》。開拓や北方警備やストーブ・便所問題をなんと心得る。これだから今の若いもんはなっとらんのだと、「この旅行で彼らのすべてがカップルになるが、やがて全員ドロドロの三角関係にもつれ込み、悩み苦しみ生霊《いきりよう》をとばしあうなどして貴重な二〇代を台なしにする」という呪《のろ》いをかけておく。勘違いしてもらっては困るが、決して羨《うらや》ましいとか妬《ねた》んでいるとかではない。不謹慎の罪は重いのだ。

この他にも、囚人用の編笠《あみがさ》をかぶったり、足枷《あしかせ》をはめたり、モッコをかついだり、蠟《ろう》人形だと思ってじろじろ見たら本物の人間だったりしながら、網走監獄を堪《たん》能《のう》。小学生男子に混じって手錠型のキーホルダーをうっかり買ったりしないよう、自分を激しく律しつつ（でもカニの爪《つめ》にヒグマの顔がついてるストラップは買った。カニもヒグマも好きなので）、ミステリーツアーは次の目的地へ向かうのだった。

道東の道をコパパーゲ号は快調に走る。車内BGMはコパパーゲ氏が歌う『知床旅情（森繁久彌《もりしげひさや》バージョン・ものまね付き・あまり似ていない）』と『オホーツクの海（松山千春《まつやまちはる》・ものまね付き・それほど似ていない）』。コパパーゲ氏によると「二曲のうちから選び放題、リピート可」というサービスを搭載していたらしいが、「飽きる」という聴衆の声に応《こた》えて急遽《きゅうきょ》『知床旅情（加藤登紀子《かとうときこ》バージョン）』も追加されることになる。しかしその三曲目も、結局のところ「いや、だからさ、そういうことでないからさ」というこれまた聴衆の声により、一度も披露されることはなかったのだった。

北海道らしいといえばらしいが退屈といえば退屈な景色が延々と

北海道らしいといえばらしいが退屈といえば以下略

小清水《こしみず》原生花園で「広い」という感想しか湧《わ》かない景色を見た後、ハマユウさんの故郷でもある斜里町へ。このあたりから風景は「空と緑と水とたまに動物」というようなものばかりに統一されていく。さらにはところどころに現れる町を見るたびに私が、「冬は？　このあたり冬はどうなの？　雪多いの？　札幌とどっちが多いの？　やっぱ札幌の方が多いの？　でも寒いの？　ばかみたいに寒いの？　夜は？　夜は暗いの？　真っ暗？　街灯は？　ていうか山は？　山は近い？　深い？　埋められる？　人殺したら埋められる？」と尋ねるようになる。

なぜそんなことが気になるのかは自分でもわからない。前世で冬の夜に田舎の真っ暗な道で殺され山に埋められたのかもしれない。もしくは誰かを殺したはいいが死体を埋めに入り込んだ冬の山で自分も遭難死したのかもしれない。

いずれにせよ旅の最後には、「ねえ、ここって」と言っただけでハマユウさんが「雪はそうでもないです、夜は暗いです、山は無理でも畑には埋められます」と答えてくれるようになったのでよかった。何事もコツコツ続けるのが大事なのだと思う。

斜里町ではまず「津軽《つがる》藩士殉難慰霊の碑」を訪ねた。これは、

「一八〇七年（文化四年）、幕府より斜里地方（現北海道斜里町）の沿岸防衛を命ぜ

られた津軽藩が出張陣屋を築き藩士一〇〇余名を派遣していたが、越冬中の厳しい寒さと栄養不良による浮腫《ふしゅ》病により七二名が死亡した」

という「津軽藩士殉難事件」の慰霊碑であるが、このたびこの碑を訪れて本当に驚いた。何に驚いたかというと、以前、ハマユウさんにその話を聞いた際になぜか「津軽藩士が全滅した」と思い込んだ私は、「北方警備にあたった津軽藩士が、『それがしも生まれはだいぶ北でござるので寒いのは平気でござる』と油断し、最初の冬に全員凍死。しかし陸路はもちろん、海も氷に閉ざされるこの地では誰もその事実を国許に知らせるものはなく、翌年の春、便りがないのを不審に思った藩の使いがやってきて、初めて事態が発覚する。荒れ果てた陣屋に累々《るいるい》と横たわる遺体。食料は麦一粒残ってはおらず、種芋《たねいも》までもが食べつくされたその惨状に、使いの者たち皆《おのおの》が慄き涙しているまさにその時、納屋の方からか細い赤ん坊の泣き声が」みたいなことを想像し、想像するだけでは飽きたらず、見てきたようにいろんな人に言いふらしていたのだ。ところがあなた！　全然！　全滅では！　ないではないですか！　ほんと驚いた。生きてましたか、津軽藩士。

というわけで、私のインチキ話を聞いた方には、この場を借りて謝りたい。すみませんでした。どうか忘れてください。一人残った（たぶん熊に育てられて冬眠して

オホーツクの海。流氷なしバージョン

山親爺

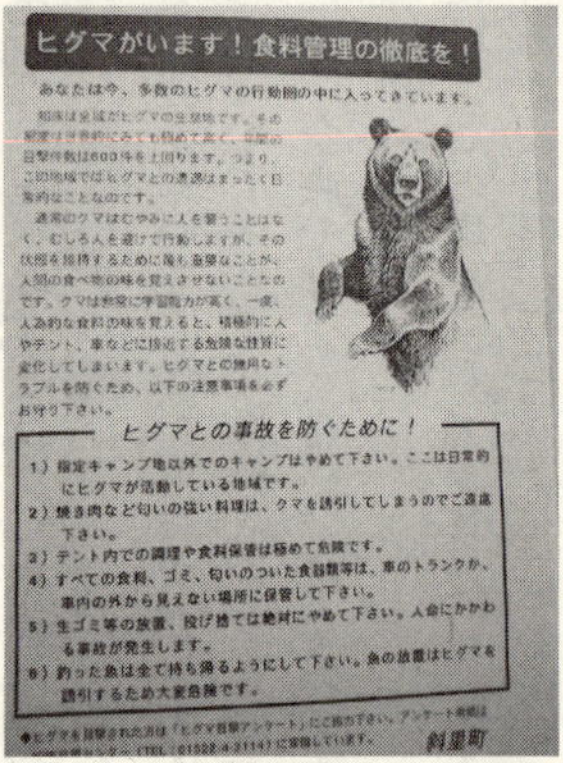

ヒグマはあなたのすぐ横に

た）赤ん坊もいませんでした。というか、家族は連れて行かなかったんじゃないかな、北方警備には。そして、この慰霊碑の写真も何枚か撮ったはずなのに、なぜか一枚も写っていないのは、津軽藩士の皆様が怒っているからでしょうか。

それにしても網走監獄といい津軽藩士といい、北海道のすべての悲劇の鍵は北方警備が握っているのですね。ろしあめー。

と彼らの南下戦略に怒りと警戒心を募らせながらも、その後、ハマユウさんが子供の頃におじいちゃんおばあちゃんと銭湯代わりに来たという温泉に入り、オシンコシンの滝などを眺め、トイレの張り紙にヒグマについての注意を受けつつ、せっかくだからと知床峠へ。

「陽が沈む前なら、北方領土が見えるスポットまで行けるかもしれない」ということで峠に急いで向かう。しかし、山を上るにつれ霧が深くなり、はっきりわかるほどに気温が下がり、さらにコパパーゲ氏が北方領土のことをうっかり「外国」と口走ったために、天気ばかりか車内までもが大荒れ。そういう問題意識のなさが解決を遠ざけてるのだ、貴様それでも道産子か、毎年北方領土返還署名のためだけに雪まつりに行く私を何だと思ってるんだ、今日見た北方警備の悲劇をもう忘れたのか、ビザなし交流と一〇〇回言ってみろ、などと糾弾《きゅうだん》の嵐の中、ようやく到着し

エゾシカ。犬や猫よりたくさん見た

車内も大荒れ

た峠は霧で真っ白。気温は氷点下（ちょっと嘘《うそ》）。

とりあえず駐車場に車を入れ外へ出てみるも、霧が深くて、どっちがアレでどっちがナニかまったくわからない。そしてさささ寒い。八月でありながら吐く息が白いという事実に、もう何もかもがどうでもよくなり、急いで車に戻ろうとしたところ、横浜から来たという自転車旅行中の青年に話しかけられた。どこから来たのですかとか、僕は横浜から一人でとか、他愛のない話で少しだけ立ち話。寒いし日は落ちてきたし霧は深いしで青年も心細いのだろうと思っていたが、私たちに「上着きなさい！　上着！」と言われるまで半袖でニコニコと立っていたところをみると、心細い以前に、もしかしたら寒さで判断力がなくなっていたのかもしれない。無事に峠を越えただろうか。

山を下りると気温は再び上がり、エゾシカがのんびりと草を喰《は》んでいる。悪夢のような峠の寒さとの対比が恐ろしいほどで、そりゃ津軽藩士も油断するのだった。今夜の宿は露天風呂からウトロの海が見えるホテル。その大浴場で、「お母さんのおっぱい三角！　下に向かって下がってて三角！　ねえ三角！」と五キロ四方に聞こえるような声で言い続けている子や、「そうだ！　お部屋までパンツ穿《は》かないで帰ってみるねー」という思いつきを母親に必死で止められている子などに遭遇し、子供の自由さに圧倒されたりしながら、一〇時すぎに就寝。年々旅行での就寝時間が早くなっていって怖い。

二日目

八月二一日（日）

午前五時半起床。

まあそうだわね、就寝時間から考えると早起きでもなんともないわよね、と朝風呂へ。ウトロの海が見える露天風呂につかりながらハマユウさんにミステリーツアー二日目の予定などを尋ねていると、横にいた小学生らしき女の子が豪快にバタ足をはじめる。一切注意する素振りを見せない母親を確認したところで、

「この子が思春期に思い切りグレて、母親のカード盗むわ家出したまま帰ってこないわ帰ってきたかと思えば借金まみれの暴力男つれてるわ、見るに見かねて注意すれば今日のバタ足を彷彿《ほうふつ》とさせるキックで蹴《け》り飛ばされるわという目に遭《あ》いますよ

うに。その時今日のことを思い出して後悔しますように」

と呪いをかけていると、その横でハマユウさんが、

「おねえちゃん、ごめんねー。おばちゃんたちにお湯かかるんだわー」

とサクッと注意。その瞬間にバタ足は中止される。いやー、口頭指導効くわー。呪いより効くわー。呪い時間かかるわー。

その後、何の心の準備もなくドボンとつかった内風呂が電気風呂で「こ、殺される！　誰かが私を感電死させようとしている！　前にこういうの『コロンボ』で見た！」と一人うろたえたり、朝食バイキングで食べたいものがなぜか見つけられず、ハマユウさんやコパパーゲ氏の皿を覗《のぞ》き見ては「え？　それどこにあったの？」とロボットのように繰り返したりして、朝の時間を過ごす。できれば私も「おいしいねー」とか普通のことが言いたかった。

チェックアウト後は、知床岬・野生動物観察クルーズへ。

クルーズに関してはお店の人から事前に「時間厳守」と「上着の用意（レンタル可）」を厳しく言い渡されていたのだが、集合時間に遅れてきたうえに「上着持ってきてないんだけどー」などと言い出す中年カップルが現れたりして、のっけから呪いを考えるのに忙しい私。彼らは船でも我々の前の席に座り、皆を待たせてまで

借りた問題の上着は床に落としたまま袖を通すことなく、寒さは「密着する」という方法でしのぎ、「あんたら離れたら死ぬのか？　死ぬんだな？　だったら今すぐ離れてみてくれ」と言いたくなるくらいイチャイチャし続け、ますます私の呪い魂に火をつけたのだが、いかんせん二人の関係がよくわからないので適切な呪いの文

♪海はよ〜

あの崖の上で船越英一郎が犯人を追い詰めているはず

句が浮かばない。夫婦のようには見えないし、不倫かなとは思うのだが、もちろん確証がつかめるわけではなく、中途半端なペアルックTシャツを見ながら、とりあえず「寒風に吹かれて風邪ひきますように」と唱えておく。

もちろん呪いの合間には、知床の海も堪能。海岸をうろつくヒグマを目撃し、「あ、めんこい！」と思って双眼鏡を覗いたら案外でかくて、「ごめん！ さっきの取り消し！」とか、まあそちらもぼちぼち忙しかった。

下船後はコパ号でハマユウさんの実家へ。のはずが、駐車場へ向かうほんの数分の間に、ウニと蟹《かに》とビールに吸い寄せられて魚屋さんの店先でおやつ。道行く人の視線を浴びながらも、海の幸を味わう。

ここで、コパパーゲ氏やハマユウさんが気を使って「食べていいよ」と言ってくれるミソを遠慮なく貪《むさぼ》り食うあたりが、私の勇気のみせどころ。こういう時は、怯《ひる》まないのが大事なのだ。それにしても毛蟹はもうそろそろ、足にも爪にも全部ミソが詰まっているように品種改良されていい頃合いじゃないだろうか。

磯臭い指先に蟹の思い出を残して、今度こそコパ号でハマユウさんの実家へ。ひたすら真っ直ぐな道が続く。かつてイメージとして「あのあたりってさー、住所ないんでしょ？」と言って、「ありますってば！」とハマユウさんを怒らせた私だが、こうして実際目にすると、実感としてますます住所がないのではないか感が募る。

「ねえねえ、やっぱここ住所ないんでしょ？」

「ありますってば!!」

と不毛な会話を繰り返しながら、ハマユウ家へ到着。畑や庭やビニールハウスを見せてもらったうえに、おみやげまでいただく。もちろんそれも嬉しかったが、

「このあたりは冬は寒いですけど、雪はまあそれほどでもないです。夜は暗いで

おやつの時間

住所はあるか？

す。人を殺したら庭でも畑でも好きなところに埋められます」というハマユウさんの言葉に深く安堵《あんど》する。これで殺しても殺されても安心、いい人と友達になったなあ。

ハマユウさんがお父さん似であることを確認して、辞去。彼女が幼い頃に通っていた小学校や、喧嘩《けんか》した妹のランドセルを投げ捨てた畑や、鮭《さけ》が上ってくるからといって手当たり次第捕っては母親に叱《しか》られた用水路や、初恋の人と手をつないで歩いた小道などを眺めながら、次は昼食のためにお蕎麦《そば》屋さんへ。

それにしても日曜の昼、食堂のテレビで見る『NHKのど自慢』は、なぜこうもあっけらかんとした気怠《けだる》さに満ちているのか。そして知らず知らずのうちに聞き入ってしまうのか。得意げでありながら調子っぱずれな歌声に、「こういうのってさ、聞いてていたたまれなくなることが多いよね」などと言っていたはずの我々も、気がつけば「鐘二つは甘くない？」「いやあ、これはもっと歌わせてあげてもいいでしょ」「ほら合格！」などと審査員化しており、日本人の業《ごう》とでもいうべき「のど自慢DNA」の威力を知るのだった。なるほど、こりゃ長寿番組にもなるはずだと、思わぬところで人気の秘密を垣間見る。

昼食後は腹ごなしを兼ねて、来運《らいうん》公園を散歩する。その字面《じづら》から「運が来る」と

剝がれてはいけないところが剝がれてる

心のきれいな人にしか見えない湖

昭和新山っぽい

縁起のいい場所とされているらしいが、看板の「運」の字が剝《は》がれかかっているのが気にかかった。あれは縁起的にはどうなのか。もっとも剝げてはいけない箇所ではないのか。斜里町は書き直す気はないのか。それとも何か別な意味があるのか。謎が謎呼ぶ来運公園だが、それはそれとしてこのあたりはどこへ行っても駐車場がすいていて素晴らしい。というかあまり人がいない。人はどこだ。

旅、それは即ち移動。

というわけで、次は摩周湖《ましゅうこ》を目指す。「霧の摩周湖っつうくらいだから、やっぱり霧かなあ。うふふ」などと浮かれていた私だが、そんな甘っちょろさを吹き飛ばすかのように、もう湖よりだいぶ前から漂う霧。あたり一面とにかく霧。なにしろ霧。まんべんなく霧。そして気温が不安定。車に冷房を入れたり暖房を入れたり、上着を着たり脱いだり、せっかくだからと行った展望台で凍死しそうになったりと、くるくる変わる北海道の厳しい自然を体感するスペシャルな旅！な感じ。北海道の自然なら日頃たっぷり体感してるから十分だと言っているのに、全然容赦《ようしゃ》してくれない。

そうしてたどり着いた摩周湖は、案の定《あんじょう》、霧に覆われて真っ白。ここまで白くなくてもいいというくらいの白。湖面なんて一ミリも見えない。その白く広がる景色を見下ろしながら、「これってさー、心の綺麗《きれい》な人にしか見えない湖らしいよ」などと自虐的につぶやく我々の声が響く。そして声を響かせた後は、もう何もすることがないのだった。

なんだよ！　わざわざ来たのに全然見えねーじゃないかよ！　金返せよ！　というクレームを未然に防ぐためか（たぶん違う）、摩周湖の駐車券は少し離れた場所にある硫黄山《いおうざん》と共通仕様となっており、せっかくだからそちらも見物することにする。

硫黄山。

その名を聞いただけで、どんな景色が広がっているか容易に想像がつく気がするうえに、実際目にする景色も寸分違《たが》わず想像どおりという実に素直な山である。昭和新山といっても、登別《のぼりべつ》地獄谷といっても、恐山といっても通用しそうなそこには、やはりその名に恥じぬように地面からボコボコと硫黄が湧いている。それを避けるように歩く人々。「熱いですから足元注意してくださいね！」とキリリと言うハマユウさんの言葉に従って、我々も慎重に歩を進めるも、ふと見ると、そのハマユウさんだけが一人素足でサンダルなのだった。あんたが一番チューイして！

ところで、このあたりは結構な距離を移動していたはずなのだが、車内の会話をほとんど覚えていないのは、その頃の私がまさにイガボン（因果なカラス盆に腹病む、の略。お墓にご馳走《ちそう》がたくさん上がる盆の時期にお腹を壊すカラスのような間の悪さを指す）状態で、お腹に不安を抱え、そのくせ車内でチキンレース的にビールをどんどん呑んだ結果、常にトイレのことを考えていたからにほかならない。

振り返るに「お腹……」「ビール……」「でもお腹……」「トイレ……」「やっぱりビール……」という記憶しかなく、やはり後々の美しい思い出のためにも旅の体調管理は重要であると、とりわけ世のイガボン体質の人には警鐘を鳴らしておきたい。

そんな中、無事に「川湯相撲《かわゆすもう》記念館」到着。

「相撲道を極めた不世出《ふせいしゅつ》の大横綱」「第四十八代横綱大鵬幸喜《たいほうこうき》、その栄光と軌跡を一堂に」という記念館は、残念ながら我々以外に見物人はいない。

しかし私の経験からいえば、世の相撲記念館というものはだいたいそのようなものであって、つまり客はなく、化粧まわしや立派な綱や馬鹿でかい背広や着物が飾られており、優勝額があり、色紙があり、子供時代の写真と逸話があり、しんとした館内に流れるBGMは相撲甚句《じんく》で、煎餅《せんべい》や饅頭《まんじゅう》を売っている。

そういう意味ではここも実に由緒正しい相撲記念館であったが、その栄光の記録の中に例の野球賭博《とばく》事件で相撲界を去った、かつての娘婿・貴闘力《たかとうりき》との家族写真が並んでいるのは、他の記念館にはない物悲しさを醸《かも》しだしているといえなくもないので、もし何か必要とあらば、それを売りにしたらいいんじゃないかと思う。

ところでこの記念館はハマユウさんの事前調査によると、「朝の五時半開館なんですよ」ということで、いやいくらなんでもそれはないだろう誰が行くんだ昼間だって客いないのに朝の五時半ってあんたこれ何かの間違いじゃないの？　などとさんざん言ったが、案内板を確かめてみると本当に五時半開館であった。しかも閉館は夜九時。ものすごい長時間営業。そして年中無休。大鵬の座右の銘である「忍」を、スタッフにも求めているとしか思えない営業体制なのだった。

旅行のたびに早まる就寝時間は、この日をもってピークを迎え、風呂と夕飯の

聳える横綱

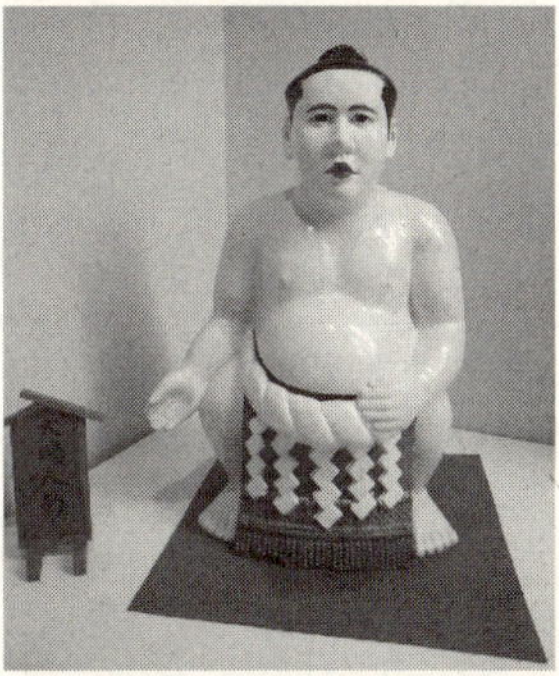
テカる横綱

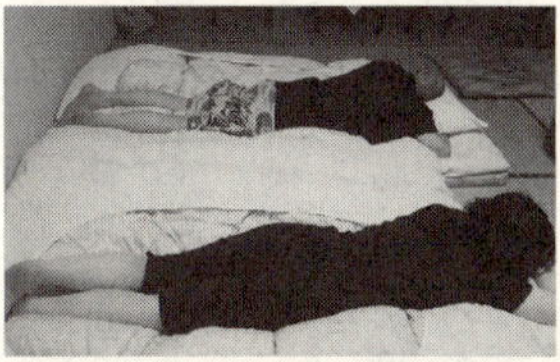
バタリバタリと倒れていく人々

後、私以外の二人は早々と撃沈してしまう。その時間なんと午後八時前。今まで年下のハマユウさんに気を使って口にしなかったが、この瞬間から今回の旅行を正式に「初老の旅」と呼ぶことにする。おじいさんおばあさん、ご飯食べたら眠くなってしまいましたかー、と声かけたりしてね。

ふと見ると、テーブルの上にポリデントが一錠さみしげに佇《たたず》んでいる。前回の恐山旅行から食後の薬を必要とするようになったコパーゲ氏が、今回さらに老人度をアップさせて持参してきたものだが、その奥歯すら外さずに眠ってしまったのだ。ぽつりと置かれた老いの象徴を独り眺めていると、なんだか物悲しい気持ちになって私も早々と就寝……と思いきや、どこかの部屋の子供のドタバタいう足音と笑い声になかなか寝付けず、布団の中で呪いをかけ続ける羽目に。

「あの子が思春期に思い切りグレて、親のカード盗むわ家出したまま帰ってこないわ帰ってきたかと思えば借金まみれの暴力男つれてるわ、見るに見かねて注意すれば今日のドタバタを彷彿とさせる姿で大暴れするわという目に遭いますように。その時死ぬほど今日のことを後悔しますように」

三日目

八月二二日（月）

五時半起床。

結局あまり眠れぬまま、深夜、早寝し過ぎて目を覚ましたコパパーゲ氏がちょっと電気をつけてみたり、その目を射るような眩《まぶ》しさにビビって消したりする「八時前に眠ってしまった大人の末路」をこっそり観察などしているうちに朝。「昨夜はうるさかったねえ」と声をかけるも、しかし、コパパーゲ氏もハマユウさんもあれほど騒がしかった子供の足音や笑い声を知らないという。

「ええっ？　全然？」

「うん、全然」

こ、これは一体どういうことか。いくら寝ていたとはいえ、大の大人があのホテルを揺るがすほどの大音響に気づかないとは、ま、まさかアレか。私一人にしか聞こえないという例のアレ。かつてこの宿の露天風呂で溺死《できし》した女の子が、未だ自分の死に気づかず、夜な夜な一人で旅の続きを楽しんでいるという類《たぐい》のアレ。

「お父さんはお風呂かなあ。お母さんはきっとお散歩ね」

少女はいなくなってしまった家族を待ちながら、ホテルの中を夜ごと歩きまわる。ベッドでトランポリンをしたり、廊下の端から端まで駆けてみたり、階段の踊り場に隠れて他のお客さんを脅《おど》かしてみたり。だけどほとんどの人は少女のことをまるで見えていないかのように扱う。時たま目が合う人がいても、まるで逃げるように立ち去ってしまう。それが悲しくて少女は涙を流し、けれどもすぐに忘れてしまう。この旅行に来てから、なぜか記憶が曖昧《あいまい》になってしまったのだ。でもお父さんとお母さんのことは、ちゃんと覚えている。お父さんはお風呂、お母さんは散歩に行ったのだ。ああ早く帰ってこないかなあ。少女は二人を待ちながら昨日もベッドで跳ねまわっている……。

なんてかわいそうな少女。腹を立てたりして、悪いことをしてしまった。

……と哀れな少女に胸を痛めながら朝風呂へ行ったところ、昨夜さんざん耳にした、聞き覚えのある声と足音で「おかーさーん！」と叫びながらドタドタ走りまわる子供と遭遇。思わず「生きてたかあああ！」と胸ぐらつかみそうになった。お互い裸でつかむべき胸ぐらがなかったことが幸いしたが、昨夜たっぷりかけた呪いは効いていることと思う。

朝食前にひとビール。そして曇り空の中を出発。宿を出る前に、

「屈斜路湖《くっしゃろこ》と阿寒湖《あかんこ》を回ったのち釧路で海鮮的なお昼を食べて帰るか、あるいは帯広へ行って豚丼的なお昼を食べて帰るか」

とコパパーゲ氏より尋ねられるが、初日に明らかになったように私の知ってる北海道と、彼の言う北海道ではそもそも町の位置関係がまったく異なるので答えられない。私の中では、川湯から札幌へ帰る際に「釧路に寄る」などという選択肢はあ

人を見つけた人には一億円。嘘だけど

ツノをどうしたらいいのか

道産子には見慣れたポスター

り得ない。「寄る」ではなく「わざわざ遠回りして行く」なら話はわかる。あそこは根室半島の先っぽにあって、気温は夏でも一五度くらいで、地震の時になぜかテレビで市内の橋が映るのだがそこに絶対人はいないのだ。そういう遠い遠い地なのだ。いるのは鶴だけなのだ。

だが頑固に「いやいや案外近いから」などと言いながら、間違った地図を示し続けるコパパーゲ氏。ならば私の正しさを身をもって証明してやろうと、釧路経由で帰ることを提案する。行けるものなら行くがいい。その時に謝っても遅いのだ。

「クッシーを見つけた人には一億円」という屈斜路湖のキャンプ場は月曜日のせいもあってか、人影は皆無。「クッシーより人探す方が難しいんじゃね？」と失礼なことをつぶやきつつ、これまた人など誰も歩いていない道をひた走って阿寒湖へ。

その阿寒湖ではとりあえず三つのことが強調されていた。

「一、熊に注意　二、熊が出るよ　三、この前熊が出た」

でもまあ北海道ではどこへ行ってもそのようなことは言われがちであり、幼い頃から飽きるほど同じことを見聞きしている我々道産子三人衆は、一切動じることなく優雅に遊歩道をそぞろ歩く。そんなことより奥さん、注意書きの磁石カバーが一つ取れてるわよ、なんつってね。

湖畔には見どころがいくつかあるようだったが、そこを素直に巡ると山の上まで巡るお疲れコースとなってしまいそうなので、なるべく高低差がなく、道が平坦《へいたん》で、なおかつ最短距離で、常に湖が見えるルートを選んで慎重に歩く。石碑とかそういうのはわりとどうでもいい。歳をとると自分の求めているものがはっきりわか

遊覧船もあるでよ

ヒグマの爪で殴られたら即死、と飽きるほど聞かされて育った我々

るのだ。

　のんびりと散策しながら、「トドマツとエゾマツは枝の向きが違うのです、トドマツは『天に届け届け、トドマツだけに』と上に枝を伸ばしますが、エゾマツは下向きに枝がはえているのです」というハマユウさんが小学生時代に教わったダジャレ薀蓄《うんちく》に耳を傾けたり、凍裂《とうれつ》（寒さで木が縦に割れる）の跡などを見て、

「何でこんな寒いところを開拓しちゃったかなー、もっと暖かい地で昼寝とかしてればよかったんじゃないかなー、やっぱ北方警備かなー、ろしあめー」

などと改めてロシアの南下戦略について考えていると、突如前を行くコパパーゲ氏の口から小さな悲鳴が。

「いやん！　ちょっとこれ熊の爪跡じゃない？　ねえねえ、そうじゃない？」

　見ると遊歩道脇の木の幹に見事な縦線が数本。い、いかにもそれはヒグマの爪跡。幼い頃から飽きるほどヒグマの恐ろしさを叩きこまれている我々道産子三人衆は、

「ど、どうすれば……」

「う、歌えばいいんじゃない？」

「♪あるー日　森のなか」

「そ、それは却《かえ》って熊が寄ってくるんじゃない？」

などとたちまち怖気《おじけ》付き、逃げるように駐車場へ向かったのだった。ちなみに突如女言葉になった件については、「恐怖は心の中の女子高生を喚《よ》び起こすのよ」と後にコパパーゲ氏が釈明していたが、未だに意味はわからない。

ヒグマの影から逃れて遊歩道を出ると、そこは一転、遊覧船乗り場に続く賑《にぎ》やかな通り。そしてここでもまた三つのことが強調されていた。

「一、マリモいるよ　二、マリモ推しでいくよ　三、とりあえず何にでもマリモつけるよ」

銀座通りなどというありきたりな名前はつけないのだ

顔色悪いが色っぽい「マリーモコリン」

まあ気持ちはわからないでもない。阿寒湖にとってマリモは命のようなものである。

それにしても観光地というか温泉地の飲み屋街の昼間はどうしてこうも侘《わび》しいのだろうか、逆にいえば夜はどうしてああも魅惑的に見えるのだろうか、と夜の雰囲気が人類にもたらしてきたであろう数々の「間違い」について思いを巡らせながら「まりも通り」を歩く。そこを抜けると船着場。広場では、犬がのんびり散歩をしたり、何段にもヒラヒラのついた不思議な服を着て、犬だか熊だかのぬいぐるみを赤ん坊のように大事に抱っこした娘さんが、彼氏とイチャイチャしたりしていた。

ベンチに座って彼らを眺めながら、あのぬいぐるみはアクセサリーのつもりなのだろうか、それともかつてこの湖で溺死したペットが、未だ自分の死に気づかず夜な夜な夢に出てくるのを不憫《ふびん》に思い、もう一度湖畔《こはん》の旅を味わわせてあげようとああして連れ歩……というあたりで我に返る。別に心底どうでもいい。「マリーモコリン」に見送られて阿寒湖を後に。

ところで阿寒湖周辺を走行中、車内では、初日に私とコパーゲ氏の間で繰り広げられた「ドラマ『北の国から』で、遭難した雪子おばさんと純を助けた笠松《かさまつ》の爺さん役は誰だったか」論争が再燃していた。

志村喬《しむらたかし》だと言う私に、

「そこまで大御所じゃないって」

とコパパーゲ氏が抗《あらが》い、仲代達矢《なかだいたつや》だと言い張る彼に、

「絶対違うって。そんなに若い人じゃないって」

と私が反論。

「そうだって」

「違うって」

「そっちこそ違うって」

「違わないって」

と堂々巡りのまま白熱する議論は、満を持して登場した携帯グーグル先生の一言で決着を見た。

「大友柳太朗《おおともりゅうたろう》だって」

「……へえ」

このダダ下がりのテンションどうしてくれよう。

さて、道東といえば鶴であるが、夏の間は湿原の奥に引っ込んで暮らすため、野

生の姿はあまり見られない。ということで鶴を求めて「阿寒国際ツルセンター」を見学。

予想どおり、冬にはたくさんの野生鶴が集まるという給餌場《きゅうじ》も、この時期は閑散としている。ガランとした敷地内をひと通り回り、野生の鶴のいないツルセンターの寂しさを存分に味わった。飼育されている鶴は何羽かいるのだが、その中の一羽がコパパーゲ氏の後を網越しにずっと追っていたのは、やはり鶴も人恋しかったのだろうか。それともコパパーゲ氏の、どことは言わないけれども頭頂部あたりの風情が、生き別れたお母さんに似ていたのだろうか。

ツルセンターを後にする時、

「あの鶴は今頃お母さんに捨てられたと思ってるんでないべか」

と、残された若鶴に思いを馳《は》せるコパパーゲ氏も、どこか寂しげだった。今日は女子高生になったりお母さんになったり忙しい。

が、人生というのは皮肉なもので、ツルセンターを出発したとたん、いないはずの野生の鶴にいきなり遭遇(見えますでしょうか)。鶴は牛を相手に一歩も退かず、牧草地で激しく睨み合っていた。さすが野生という感じである。その勇姿をしばし眺めた後、もしかするとツルセンターには行かなくてもよかったかもしれん、と口にしたくてもできない大人たちの思いを乗せて、車は一路釧路市湿原展望台へ。

ところが展望台から見える湿原は、湿原というより一面の森ではないですか。

「何だこれ」

「話が違う」

近くで見ると大きい

真ん中の白いのが鶴

「森しか見えない」

「森が邪魔」

と口々に言う私とハマユウさんに、

「あの森を含めての湿原なのだ」

とコパパーゲ氏は説明するが、

「えー違うよねー」

「湿原って、なんか川とかあってねー」

「クネクネってねー」

「ねー」

とまったく相手にされない。

だいいち展望台には、「霧と浪漫《ろまん》の街　釧路」と書かれた看板が掲げられているのだ。釧路市湿原展望台でありながら「湿原」の立場を一切汲《く》んでいないその文言に、やはりここから見える景色は湿原ではないのではないかという結論が導かれるのは当然であろう。ハマユウさんも、「霧はいいとして浪漫部門はどこに?」と看板を気にしている以上のような点から冷静に分析した結果、おそらく展望台から見えるのは湿原ではなく「浪漫」であろうと結論づけられた。今後は「釧路で浪漫を見た」と堂々と触れ回りたい。

お昼は釧路の和商《わしょう》市場で勝手丼。ご飯を買い、そこに好きな魚を好きなだけ載せて食べるシステムであるが、なにはともあれ地の果てにあるはずの釧路に案外あっさり着いてしまった動揺を悟られないように、ビールを呑んだりしてごく自然に振る舞わなければならない。

単なる森だよね！

鳥類と親しむ旅

絶対他人のご飯の方が美味しそうに見える法則

しかし、ビールを売っている店をなかなか見つけられないというアクシデントが私を襲う。一度は諦《あきら》めかけたものの、ここから自分とは思えない驚異の粘り腰で酒屋を発見、さらに「刺身で酒が呑みたい」という一念で丼用とは別の秋刀魚《さんま》の刺身も見つけてしまった。この熱意が仕事にいかされればものすごく出世するのではないかと我ながら感心する。と同時に、もし出世して億万長者になったら、四八〇円の方のぶどう海老《えび》ではなくて八〇〇円のぶどう海老を丼に乗せようと決意する。お店のおばちゃんは「おんなじ味だよー」と四八〇円を選んだ私を慰めてくれたが、あんた今更何を言う。同じだったら同じ値段で売るだろう。絶対違うはずなのだ。

釧路からは帯広経由で一路札幌へ。が、二日間にわたりひと気のない道東の道を走り続けてきた我々は、市街地の道の真中で車を止めて思い切りクラクションを鳴らされたり、「ああ！　人が歩いている！　しかもいろんな年代の人がいる！　若い子がオシャレしてる！」と通行人に感激したりと、気がつけばどこか感覚が妙なことになっていた。服装も暑かったり寒かったりを繰り返しているうちに妙に厚着になり、帯広に到着した頃には周りと着ている物が全然違った。

よくアメリカドラマかなんかでタンクトップの人とジャケットの人が混在してい

るのを見て、「大丈夫か！　暑いのか寒いのかどっちよ！」と怒っていたものだが、彼らもこういう心持ちなのかもしれない。私も道行く帯広市民に「外国人かよ！」と言われていたかもしれない。「アンジェリーナ・ジョリーそっくりだしな！」とか。今までバカにして悪かった。

やがて日が暮れ、

「人殺してもその辺に捨てておけば絶対バレないよ、誰も通らないもん、その沢のあたりにでも」

とコパ氏が請け負うほどの山の中を走り続けるコパパーゲ号。真っ暗な道を進むとポツリと小さな町が現れ、その町を一瞬で過ぎるとまた真っ暗な道が続き、

山道ひとりぼっち

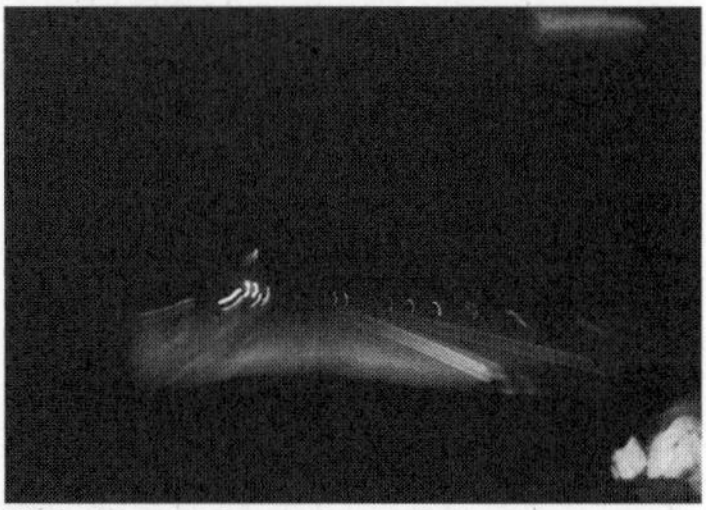
道路だけは立派

しばらく行くとまた町が……という行程を延々繰り返しているうちに、本来北海道というのはアマゾンの奥地と同じで、少数民族が点在して暮らして然《しか》るべき広さの土地ではないかという気になってくる。ましてや冬は猛烈に厳しいのだ。深い山と雪に阻《はば》まれ、お互い行き来はできない環境の中、独自の文化を持って暮らすというのが普通だろう。それをムリヤリ道路を通すという無茶をしたのはどうしてなのかを考えると、やはりこれは北方警備（中略）ろしあめー。

暗闇はますます深まる。運転するコパーゲ氏を怖がらせようと、

「ねえねえ、もし今、道の真中で子供が一人で泣いてたらどうする？　声かける？　乗せる？　どうする？」

などと言ってるうちに、言ってる自分が一番怖くなる。途中、夕張《ゆうばり》でトイレタイム。駅前のスーパーに入ろうと思ったら、既にもう閉まっていた。時刻はまだ午後七時半だが、あたりも駅前とは思えない暗さと静けさでまったく人の姿がない。いや、若い娘さんが一人駅に向かって歩いていたが、それだけ。

とにかく暗い。怖い。子供の泣き声がする（嘘）。駅のすぐそばに「さわやかクローゼット」と名付けられた近代的な公衆トイレがあったので入ることにするが、

「わざわざ『さわやか』と名付けなければならないようなさわやかではない裏の理

由があるのではないか」と、却って恐ろしさが増す。でもだからといって車で一人で待つのも嫌。二人がトイレに入ったまま何時間経っても戻って来なかったらどうしたらいいのだ。

迷った結果、ハマユウさんと一緒に車を降り、彼女に置いていかれないようにものすごい速さでトイレを済ますという作戦に出た。ご存じないとは思いますが、臆《おく》病 者《びょうもの》もいろいろ大変なのですよ。おかげで作戦は見事に成功。さわやかクローゼットは本当にさわやかなトイレでした（フォロー）。

その後、泣く子にも会うこともなく、順調に札幌に到着。無事に知床ミステリーツアーは終了したのだった。ただし地図問題については未だ決着がついておらず、釧路に寄って帰ったことで分《ぶ》が悪いようにも見える私も、家の近くの道はカーナビより自分の方が詳しかったことを思い返すと、ここはやはり歴史の判断を待つべきであるような気がする。

恐山再びの旅

〈日程　二〇一一年一〇月七日―一〇日〉
●いっしょに行った人
北海道から
ユミちゃん……高校の同級生（マンドリン部）。40代女
キミエちゃん……高校の同級生（マンドリン部）。40代女
コパパーゲ氏……編集者（寿郎社）。40代男

二〇一一年一〇月七日（金）

午後五時、迎えに来てくれたコパパーゲ号に乗車。と、さり気なく書きはじめてみたものの、旅に出たのは今から半年も前の話で、本当に迎えが五時だったかどうかすら記憶があやふやなのだが、でもまあ、だいたい五時くらい。まずは今回一緒に旅をするユミちゃんを自宅まで迎えに行く。

五時だというのに左の画像がやけに暗いのは、これが実はさらに半年前に行った恐山《おそれざん》旅行の時の写真だから。写真を撮り忘れたので、恐山つながりということで載せてみた。人生、機転が大事。というか何度行けば気がすむのか恐山。そんなに

好きか恐山。

ユミちゃん宅までは車で一時間ほど。彼女は高校時代の部活仲間で、青春の三年間、ともに切磋琢磨《せっさたくま》しつつ厳しいトレーニングに汗と涙を流した仲、かというとマンドリン部なので全然そんなことはなく、弦楽器って弾くのに指五本じゃ足りなくね？　と身体と楽器の構造について根本的な疑問を投げかけたり、部活サボってここには書けないこと（学校近くのラーメン屋で学生ラーメンを食べた後でホットドッグをおやつにした後でそれぞれ家で夕飯）などに勤《いそ》しんだりした。

そんな深い仲の我々であるから、もう何年も訪ねていないユミちゃんの家を目指すことにも不安はない。細かい道順はすっかり忘れてしまったが、長年の友情の力で近くまで行けば自然と引き寄せられるはずだから大丈夫なのだ、と力強く宣言するも、国道からはずれた途端にわからなくなる。教えてもらったはずの目印すら覚えておらず、そうこうしているうちに

嘘写真

カーナビは案内を終了し、結局は携帯電話でユミちゃんに問い合わせるはめになるのだが、その電話にユミちゃんがなかなか出ないのだった。友情って何だろう。それにしてもカーナビというのは、なぜ「目的地周辺」で案内を突然終了するのか。むしろ我々が本当に知りたいのは、そこから「目的地そのもの」までの道順ではないのか。それを伝えることこそがカーナビ本来の業務ではないのか。それなのに仕事をサボって彼らは一体何をしているのか。近所のラーメン屋でラーメン食べて帰りにおやつのホットドッグ食べてさらに家で夕飯食べてるのか。そうなのか。なんとか電話が繋《つな》がり、ようやくユミちゃんと合流した後は、三人でやや早めの夕食をとる。予定ではもう一人の同行者であるキミエちゃんと四人で一緒に、ということだったのだが、さきほどキミエちゃんからメールが届いて言うには「私の誕生日を祝って家族がお寿司《すし》とってくれたから、それ家で食べてから合流してもいい？」って、いいも悪いも、そんな大事な日に一家のお母さんを旅行に連れ出しちゃっていい？　と私が聞きたいのだった。ちなみにキミエちゃんも私の高校時代の部活仲間で、青春の三年間ともに厳しい（略）。

　我々の夕飯は通りがかりのラーメン屋。かつてラーメンどころかホットドッグも夕飯もたいらげていた私たちはしかし今や立派な中年となり、おまけにユミちゃん

先日行った奈良公園の鹿。もう恐山も関係なくなった

いつ行ったかさえも曖昧な神戸の中華街。自分が何やってるかわかんなくなってきた

とコパパーゲ氏は持病による食事制限、私にはフェリーでの飲酒が控えている。そこで三人そろって「お、大人ですけど、こ、子供ラーメン頼んでいいですか？」とおずおず小声で尋ねたところ、「いいですよ」との答えと同時に「ふ」と軽く笑われてしまったため、慌てて「あ、ビールも呑《の》みます！　二つね！」と大人の威厳を取り戻すべくきっぱり叫んでみたりするのだった。

　アルコールが入ったところで旅気分も盛り上がり、鼻歌まじりでキミエちゃん宅へ向かう。が、実は浮かれてばかりもいられない。なぜならキミエちゃんは今回の

支笏湖の猫。だんだん面白くなってきた

恐山行きを、「遊びでそんなところに行くもんじゃない」とお母さんに引き止められているのだ。というか、そもそも高校時代には、私やユミちゃんとこっそり酒呑んだことがバレてこっぴどく叱《しか》られた過去もあることから、本当は「あの人たちと遊んではいけません！」と付き合い自体を止められているのではないかとの疑念がぬぐいきれないからだ。

「キミエ！　まだあんな人たちとつきあってるの？　聞けばキミコさんは結婚もしてないらしいでしょ！　そんな人と、しかもせっかくの誕生日のお祝いの日に何やってるの！」

母が声を荒らげる。

「そうよ、お母さん。行かないで！」

二人の娘が涙ながらにキミエちゃんに縋《すが》る。

「戻りなさい！　キミエ！」

夫が必死に引き止める。

「ワンワンワンワン！」

飼い犬がとりあえず吠える。

だが、そのすべてを振り切り、キミエちゃんは家を飛び出すのだ。

「ごめんなさい、みんな。でも、でも私たちは高二の夏、あの部室で永遠の恐山を誓ったの！」

ああ、どうしよう。こうして車で向かっている間にも、キミエ家では修羅場《しゅらば》が繰り広げられているかもしれない。私が発した「恐山行かね？」の一言がきっかけで友人の家庭が崩壊の道をたどるのだ。ごめんなさい、キミエちゃんのお母さん、そして旦那《だんな》さんと子供たち。あと犬。でも永遠の恐山を私たちは忘れられないのです……などと妄想《もうそう》キミエ劇場を繰り広げているうちに、コパパーゲ号はあっさり彼女の住む街に。我に返った私は、先ほどの経験をいかして速《すみ》やかに携帯電話で連絡をとり、スムーズな合流を果たすことに

ようやく本来の写真。でもどちらかといえば船とか港とかを撮るべきだった

罰ゲームとして恥ずかしい写真を公開

成功した。素晴らしい。これからの車にはカーナビや友情ではなく携帯電話を設置すべきではないかと、自動車業界へ提言したい。それにしても「永遠の恐山」って何だろう。

午後九時一五分、苫小牧《とまこまい》から八戸《はちのへ》行きのフェリー出港。覚えておいでだろうか。以前の恐山行きでは「この航路はぜんっぜん客なんて乗ってないの。いっつもガラガラなの。俺一人で二〇人分くらいの場所を独占して寝てるの。ほんとなの」と自信満々に告げたコパーゲ氏を信じたあげく、二〇人分くらいの場所に三〇人以上で寝るはめになり、見知らぬおっさんに頭蹴飛《けと》ばされたりしたことを。

だが、今回のコパーゲ氏はあの時のコパーゲ氏とは違った。失敗が彼を大きくしたのだ。前回同様、旅の手配と運転手を一手に引き受けた彼は、一等洋室の予約に見事成功することでプライバシーと静寂と安眠とを我々に保証し、さらには「これから回るところがどんな位置関係か知っていた方が楽しいから」と下北地方の詳細地図まで持参する気の配りよう。まさに至れり尽せり。完璧なコンダクターぶりに感心する我々を余裕の笑顔で眺《なが》めながら、

「ではさっそく皆で明日の予習だ！」

と、颯爽《さっそう》と取り出したそれは、しかし惜しい、実に惜しいことにどこからどう見

ても関東地方の地図なのだった。

関東地図をいくら眺めても下北のことはよくわからなかったので、酒呑んで就寝。高校の修学旅行で乗った寝台車を彷彿《ほうふつ》とさせる二段ベッドに潜《もぐ》り込んだが、教師に叱られながら語り明かした当時のような体力はもう我々には残っておらず、またとりたてて話し合うべき「片思いの××君」もいないのだった。ああ、さよなら青春。

二日目

一〇月八日（土）

午前四時過ぎ起床。いや、だからこれは別に歳をとって目覚めが早くなったわけではなく、八戸着が早い時間ゆえの強制起床なのである。

四時四五分、頭も身体もぼーっとしたまま八戸到着。

車の中で出庫を待ちながら、最近太ったというユミちゃんが、職場の上司に呼び出され、体重管理を求められたという話を聞く。仕事柄仕方がないとはいえ、なんという社会の厳しさか。その恐ろしさにおののくと同時に、女性上司が発した「私も最近痩《や》せたのよ。気がついて？」という表現に気持ちを鷲掴《わしづか》みされる。

目にしたことはあっても、口にすることのほとんどない言い回しが新鮮で、「あっちが出口よ、気がついて？」「もうおにぎり食べちゃったわよ、気がついて？」「まだ暗いわよ、気がついて？」などと口々に真似する我々。やがて「あら猫がいる、見て」「あそこが信号よ、右へ曲がって」「ちょっとトイレ行きたいからコンビニ寄って」と、確認が依頼を経ていつしか命令に行き着く日本語の不思議を体感することになったのだった。

まだ暗い道を車は一路、下北へ。通り過ぎる家並みは未だぐっすり眠っている……かと思いきや、あちこちで人の姿を見かける。煙が上がり、畑や庭先で何やら燃やしている人も多い。働き者の住む土地なのか、あるいは町をあげて何かの証拠を隠滅しようとしているのか、いずれにしても早朝とは思えぬ雰囲気。

しかもふと気づけば、朝日でありながらまるで夕日のような太陽が町を照らしており、時間の感覚が狂うというか、もしかすると時空の壁を飛び越えて既に一日の終りを迎えてしまったのではないかというか、それならそれで一日の終りには一日の終りにふさわしいやるべきことがあるだろうというか、まあそういうわけでとりあえずビールを呑むことにする。午前六時前。でもいいの、夕方だから。

午前七時半、恐山に到着。本日は祭典日ということもあってか、以前来た時よりかなり賑《にぎ》わっている。朝もまだ早いというのに、前回は閉まっていた売店も開き、

港のすぐそば。奥が海よ、気がついて？

夕日ということでひとつお願いします

そしてなにより今回の目的である、イタコの口寄《くちよ》せ小屋が二軒建っていた。お祭りの日にしか登場しないというイタコの人がこの日は二人、雰囲気としては藁《わら》の家よりもわりと先に飛ばされそうな感じのビニールシート即席小屋で、それぞれ口寄せを行なっているのだった。

小屋の前には、既に二〇人ほどの行列。受付や整理人などは一切なく、何をどう

恐山の正門再び

看板の向こうにイタコの即席小屋が

すればいいのかわからないまま、とりあえず「こっちの方が列が短いんじゃね?」と思われる方に恐る恐る並んでみる。周囲を見渡すと、善良そうな老若男女が同じように所在なさげに立っていた。

風は少し冷たいが、よく晴れている。そしてこれは恐山全体に言えることなのだ

二度目ということで先輩風を吹かし「これは熱い湯とぬるい湯の二種類だから」と言ってみるもなぜか両方とも熱湯風呂のようで面目丸つぶれ

遠くに「実際にはいないかもしれない人」の影が……

が、世間一般にあるおどろおどろしいイメージとは違って、あたりには明るくあっけらかんとした空気が漂っている。

その清々《すがすが》しさを全身で味わいながらも、どうも列が一向に動いていないことに若干の不安を覚えるのであった。

同じことを感じたらしいコパーゲ氏の、「これはちょっと時間がかかりそうだから、俺が並んでるよ」との親切な言葉に甘えて、女三人はここでおもむろに地獄巡り及び朝風呂へと繰り出す。実は今回の旅には、前回やり残した三つのことを成就《じょうじゅ》する、という目的があり、その一つが「地獄と呼ばれる恐山、その温泉に入り『あ～極楽極楽』と言う」ことであったのだ。

思えば前の旅では別のメンバーで女三人、誰一人として注意書きを読まずに湯に浸《つ》かり、「あ、長湯しちゃダメですよ（お湯がきついから）」「ピアスつけたまま入っちゃダメですよ（変色するから）」「顔洗っちゃダメですよ（ピリピリするから）」と仏様の化身と思われる見知らぬ親切なおねえさんに指導を受けるので忙しく、地獄の機微を味わいそこねてしまった。

そこで今回はその反省をふまえ、完璧な態勢で入浴。三人並んで目をつぶり、存分に「あ〜極楽極楽」と唸《うな》ることに成功したのだった。

それにしてもやはり今日の地獄は賑わっている。前回にはほとんど見られなかった風車もあちこちでぐるぐる回り、歩道沿いには参拝者によって積み上げられた小石や小さなお地蔵さん、家の表札までもがぎっしりと並べられていた。そしてそこ

拭いきれない登別地獄谷感

風車のお求めは売店で

に供えられた無数の小銭。地獄地獄というが、道端に転がる小銭の姿は、地獄というよりはむしろ日本で一番お金が落ちている富豪の道である。

その富豪の道をひと通り歩いた後、行列に並ぶコパーゲ氏のもとへ。のんびりしすぎたかと小走りになった我々を、「ああ、ちょうどよかった。もうすぐだから早く早く!」と迎えるかと思いきや、なんと一時間ものあいだ列はほとんど進んでいないと言うではないか。この時、午前八時半。どうする我々。

どうするっつっても、まあせっかくだから待つしかないのだった。というか、実は暢気《のんき》に行列に飽きている場合ではないのだった。我々には今この場で早急に解決しなければならない問題があったのだ。

「イタコに誰を呼び出してもらうか」

これはこの旅が発案された札幌の呑み屋で、あるいは苫小牧港へ向かう車の中で、もしくは船の酒盛りの席で、さらにはひた走る下北の道で、折に触れ話題にのぼっては、しかし未だ一向に結論をみていない問題であった。

もちろんいくつか候補はあがった。

いつの日か独裁者となり、すべての小学校に土俵を設け、交《ま》ぜ書《が》き表記を根絶することを目指す私には、「ヒトラーを呼び出し、独裁者としてこれは失敗だったなあと思うことを聞く」という案が。生後数カ月で亡くなったお姉さんがいるユミちゃんには「姉妹として初めてお姉ちゃんと積もる話をする」案が。仕事で知り合った人が先日急死したというキミエちゃんには、「その死の真相を本人から聞き出す」案が。

だが、それぞれ「南部弁のヒトラーを受け入れられるか」「赤ちゃんの場合は『おぎゃあ』と言いながら現れるのか、言われたらどうしたらいいのか」「真相がわかったとしても結局は赤の他人ではないか」などの問題が持ち上がった末、「というかそもそも不謹慎《ふきんしん》だろう全員」と唐突に我に返って、結論が出ることはなかった。コパパーゲ氏にいたっては「俺は死んだ人はもういいから」との、理由はわからないが意志は伝わる拒絶によって候補者すらあげられなかった。

というような行き当たりばったりの現状を、一刻も早く打破せねばならないのだ。

そこで行列に並びながら話し合いを続けたが、どうにも居心地が悪い。なぜなら周りの人々は当たり前だが、みな真剣だから。

現に我々もそのような人たちから「誰をおろしてもらいたいのか、いつ亡くなったのか」というようなことを何度か訊《き》かれており、また、時間つぶしに覗《のぞ》いた売店

では、

「先ほど列に並んでた方ですよね。もう終わりましたか？　まだですか？　何時間くらい並んでるんですか？　さっき向こうで、口寄せしてもらうには一周忌を過ぎてからじゃないとダメだと聞いたのですが、そんな話はご存知ですか？　一年たってないと本当に呼んでもらえませんか？」

とまったく知らない女性に突然話しかけられたりもした。今も待ちくたびれた人々が、我々の周りで口々に身の上話をしている。耳に入る話は、すべて大変興味深いのだが、しかし同時に深刻であり、聞けば聞くほど「ヒトラーが」とか「おぎゃあって言ったら本物」とか、ふざけたことは口にできなくなっていく。

そうこうしているうちにも、列はゆっくりであるが着実に進み、やがてイタコ自身や相談者たちの声が直《じか》に耳に届くようになり、するとその臨場感あふれる雰囲気にますますヒトラーは遠ざかっていくことになる。なるほど、ふざけた人間を排除するには、これは非常によくできたシステムなのだ。

と感心している場合ではない。早く、早く決めねば。

イタコの口寄せの列に並び始めて四時間近く。未だ誰をおろしてもらうか決まらないまま、しかし徐々に小屋に近づいていく我々の前に、口寄せの全貌《ぜんぼう》が少しずつ姿を現し始めた。

まずなにより驚かされるのは、徹底したオープンマインドである。依頼者は靴を脱いでイタコであるお婆さんの前に座るのだが、彼らを周囲から遮《さえぎ》るものは何もない。つまり人々は抜き身でイタコの前に座って家庭や人生の事情を洗いざらい喋《しゃべ》り、そしてそのすぐ後ろでは順番待ちの人が列を作りながら、ものすごい勢いで他《ひ》人《と》様《さま》の事情に聞き耳を立てている。

いやまあ、聞き耳というか正確には情報収集というか、なにしろ受付や手続きの

コパ氏撮影。隣の列の方が速く進む気がするのはレジと同じ法則

コパ氏撮影。よそさまの後ろ頭ごしにイタコ小屋を覗く。辛抱強く並び続けたコパ氏の恐山での写真は、行列と帰りの駐車場風景ばかりであった。つらかったろうと思う

イタコの顔と名前と私のいかにもおばちゃん的な肉付きの背中などがくっきり写った写真しかなかったので、とりあえず好物の写真を載せてみる。八戸行きのフェリーで撮ったビールとゆで卵

類《たぐい》が一切存在しないため、前の人々の真似をすることによってしか、口寄せ作法を会得することができないのだ。相談する方も真剣だが、後ろで聞き耳立てる方も真剣だ。我々も行列中に多くのことを学んだ。

一、口寄せは親族一同、たとえば二〇人で一人の人をおろしてもらおうが、逆に一人で二〇人の人をおろしてもらおうが自由であること。

二、ただし後者の場合は、三人目あたりから後ろの人々が舌打ちしそうな勢いでイラつき始めること。

三、最低限必要な情報は、故人の命日と死因と依頼者との関係であること。

四、何をいくつ訊いても自由だが、霊を呼ぶ前後に独特の節回しで唱える文句の、そのエンディングテーマ（と我々は呼んでいた）の方が歌われると故人との会話は強制的に終了されること。

五、お礼の額ははっきりとは決まっていないようであること。ただし我々が行った時はみな前に倣《なら》って三〇〇〇円を渡しており、最初の人が一万円を払えば、後ろもずっと一万円になるというような変動相場制の可能性もあること。

六、私としてはそのためのサクラのバイトならやる用意があること。

などである。

我々の前では、一人で五人も六人もの人の命日をメモして現れた若い娘さん（面識のない夫の祖母などもおろしてもらい、会ったこともないのに呼んでくれてありがとう、と言われていた）や、死んだおばあちゃんの言葉を親戚にも聞かせたいとレコーダーを用意してきた家族連れ（録音してもいいが再生は一度のみ、二回目からは機械が壊れる、と言われていた。そういう仕組みだったとは）や、一族の長老的人物が亡くなった後で繰り広げられている泥沼の遺産問題に悩むおじさん（仲良くしろ、と言われていた。私もそうするのがいいと思うが、そう出来ればわざわざ来てないだろうなとも思った）などの、個人的な事情とやりとりが通常ではありえないオープンさで開陳《かいちん》されていく。我々の間で高まる緊張。

「こ、これはますます下手なことは訊けないではないか」

結局、「別に訊きたいことはないけどなあ」と渋るユミちゃんにお願いして、彼女の亡くなったお母さんをおろしてもらうことになった。ユミちゃんと私が並んで正座をし、後ろにキミエちゃんとコパパーゲ氏が立つ。目の前には白髪に紫のメッシュを入れた白装束《しろしょうぞく》のイタコのおばあさん。彼女の前には死者への供物なのだろうか、依頼者が持ってきたと思われるお菓子や果物、飲み物などがたくさん置かれていた。ただし背後にそっと置かれていた栄養ドリンクのパックはおそらく私物と思われる。そうだよなあ疲れるよなあ……、などと思いつつ「お願いします」と頭を下げ、いよいよ死者の霊を呼んでもらったのだった。

口寄せが三つの工程に分かれていることは、ここに至るまでの四時間余りで我々は既に学習していた。

最初に亡くなった人を呼び出すオープニングテーマ（数珠《じゅず》を鳴らしながら、故人の命日とこの場所が青森の恐山であることを歌うように唱える）、次に死者の言葉を伝える口寄せ（誰かが憑依《ひょうい》するわけではなく、依頼者の質問に答えて「こう言ってるよ」と伝える）、そして最後にエンディングテーマ（今日は呼んでくれてありがとうと歌いながら去っていく）。

一人おろしてもらうごとにこの工程が最初から繰り返されるわけで、我々も同様の手順でユミちゃんのお母さんと相対した。オープニングテーマとともに娘の前に現れる母。十数年ぶりの親子の対面に緊張が走る。が、事前の宣言どおり、ユミちゃんに話したいことは本当になかったらしく、お母さんとの再会は淡々と五分ほどで終わってしまった。

「他に訊きたいことは？」

「ないです」

あっという間に帰っていくユミちゃんのお母さん。さようなら。

話の内容としては予想どおりというか、実はこれも行列中に学習していたのだが、死因や続柄や立場によって、だいたいイタコが口にする言葉はパターン化されているようで、我々の場合も例外ではなく、母を亡くした成人娘に向けるにふさわしい言葉が贈られた。ただ、それでもお母さんが亡くなった後に生まれた二人目の孫や、今の娘家族への思いなどを南部訛《なま》りで静かに告げられると、胸がしんとして思わず涙ぐみそうになってしまった。私の母親じゃないのに。

その後、迷っていたキミエちゃんがやはり「口寄せを頼みたい」と言うので場所を入れ替わるも、それと同時にイタコの人がふいとどこかへ行ってしまう。トイレかしらと待つこと一〇分、しかしまったく姿を見せない。二時間ほど前にも同じようなことがあり、その時の中座時間は約四〇分。「寝てるんじゃないか」「風呂入ってんじゃないか」「帰ったんじゃないか」と行列の人々を騒然とさせた記憶がよみがえる。

時計を見ると、時刻はまさに正午である。ああ、こりゃ絶対お昼食べてるだろう、昼休みは一時間だろう、と覚悟を決めたところでキミエちゃんが「やっぱいいや」とあっさり前言撤回。

「え？　いいの？」

「ここまで来たのに？」

「ずっと並んでたのに？」

「待ってみれば？」

「待ったら帰ってくるから」

と、長時間の行列生活でほとんど同志となった周りの人々に引き止められても決意は変わらず、速やかな撤退を遂行したのだった。これをもってこの旅二つ目の目的「イタコの口寄せ」達成。待ち時間、四時間半。

ちなみにユミちゃんによると「あれはやっぱりお母さんじゃないと思うなー」ということで、ひとり泣きそうになった私の立場がないのだが、私が胸いっぱいになったということは、もしかすると私の母親の生霊《いきりょう》という可能性もないわけではないので構わないのだった。

山を下り、お昼ごはんは大間《おおま》でマグロを食す。前回訪問時はホテルで朝の連ドラ鑑賞会などを優雅に開いてしまったこともあり、フェリーの時間に追い立てられながらの食事となってしまったが、今回は大丈夫、ゆっくり味わうことができるのだ。

というわけで前と同じ店を探すものの、なんということでしょう、場所も名前も道順も何一つ覚えていないではないですか。覚えているのは、港からそう遠くはなかったことと、なんというかこうイメージとしての道路沿いの風景だけ。仕方がないので、そのイメージとしての風景に従って、「ここ右じゃね?」「こっち左じゃ

これは私が撮った駐車場。これほど何を写したいのかわからない写真は他にないだろう

本州最北端と言われても「ここより北に住んでるしなー」とか思ってしまってあまりありがたみの湧かない私の歪んだ心

なにやら全体的に傾いた写真。私の心の歪みを表したのか

ね？」と指図してみたが、考えてみればカーナビがあっても友達の家にすらたどり着けない私に、半年前たった一度だけ訪れた知らない町の知らない店がわかるわけがないのだった。

うろうろと彷徨《さまよ》ったあげく、結局はコパパーゲ氏が自らの記憶を掘り起こして店を発見。やはり最後に頼りになるのは自分などではない。他人様である。午後二時、昼食。

ところで私には、ここ大間で、「オーマの休日」グッズを手に入れる、という重大な使命があった。つまりはそれがこの旅の三つ目の目的である。

「オーマの休日」グッズ。それが何かと問われるとよくわからない。わからないが、「オーマの休日」の文字をバックに、原付バイクに二人乗りするこてこての日本人顔の男女のイラストが描かれた何かである。

前回は逡巡《しゅんじゅん》の末「私もいい加減バカバカしいものを買う歳でもないだろう」と、それまでの人生で一度も思ったことのない、まさに魔がさしたとしか言いようのない理由で購入を見送った。それが大人になるということだと信じた。しかし家に帰ったとたん、オーマの休日を楽しんでいると思《おぼ》しき二人の笑顔が何度も脳裏をよぎるようになった。そして私を責めた。

「お前が俺らを買わずに一体誰がこんなバカバカしいものを買うというのだ」

ああ本当だ。本当にそうだ。私は自分を見失っていた。私が買ってこその「オーマの休日」であった。心から反省した私は、今度こそはオーマの休日グッズを入手するという決意とともに大間を訪れたのだ。

しかし世の中とはなんと非情なものなのか。今回、どこの土産物屋にも「オーマの休日」はなく、以前、見かけた港の売店はフェリーの発着時間外のせいか閉まっ

食べ物を撮るとピンボケになる。心が逸るのか

酒はそうでもない。心が湧き立つからか

この付近、仏ヶ浦の展望台あたりだけは携帯の電波が入るのを私は知っている（自慢）

ている。なんだ。なんということだ。私は呆然《ぼうぜん》とひと気のないフェリー乗り場に佇《たたず》み、世界中の若者に語りかける。

若者よ。人生は一期一会《いちごいちえ》だ。買え。買え。旅先で目にしたものは親を質に入れても全部買え。それがこの私からの遺言だ（死なないけど）。

気を取り直して、今夜の宿である浅虫《あさむし》温泉へ出発。

まだ時間が早いからと運転手であるコパーゲ氏が当初のルートを変更して、下北半島を西回りだか東回りだか時計回りだか反対回りだかで回ってくれると言う。北限の猿を目撃でき、半島の斧《おの》の部分をナニしてソレするというその計画は、けれども道半ばで若干無理があったことがわかったらしくさらに変更、半島をアレしてコレするカモシカ街道とやらを走り、結局、予定よりかなり遅れて旅館に到着したのだった。

うむ。わかりづらい説明で恐縮である。しかし私も全然わからなかったのでご容赦《ようしゃ》願いたい。もちろんコパ氏は道中のルートや地理などを詳しく説明してくれたのだが、何をどうしようと、わからないものはわからないのだった。まあ、もしかすると関東地図ではなく東北地方の地図があればわかったかもしれない、とは思う。

宿では、遅くにやってきた男一人と女三人が全員同じ部屋に泊まることをどう捉《とら》えていいのかわからなかったらしく、「旦那《だんな》様はいつもこのような旅行をなさってるのですか」とコパパーゲ氏にそっと尋ねる事実も発生。本妻と愛人を引き連れたどこぞのお大尽《だいじん》か、もしくはイエスの方舟《はこぶね》的集団と思われた模様なのだった。

その怪しい四人は、温泉に浸かってへろへろになった後、テレビの「大家族物」を見ながら夕食をとる。誰も見たことがないというその番組を、テレビっ子の責任

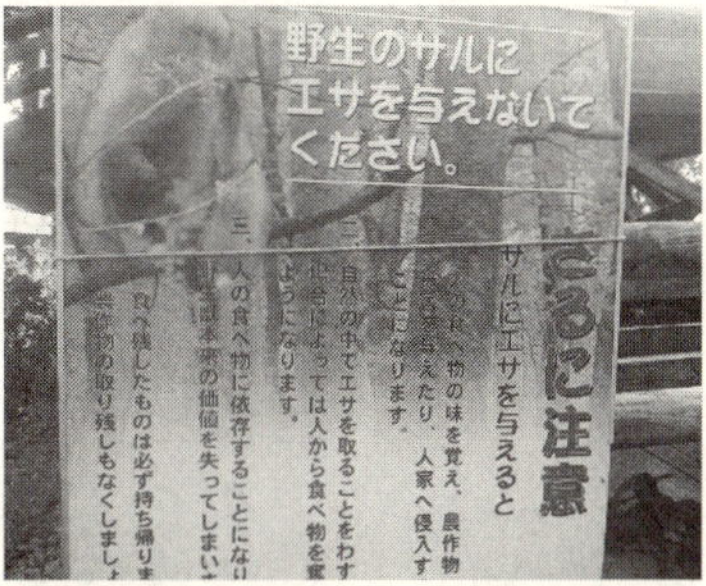

猿もカモシカも目撃できず。心の綺麗な人にしか見えないのか

これは本当の夕日

着いた時は真っ暗でわからなかったが、朝見ると庭がきれいだった

として私一人が解説を試みるも、なにしろ大家族であるから、登場人物の紹介だけでも容易ではなく、さらに離婚したり再婚したりまた離婚したりまた再婚したりそのたびに子供が増えたり減ったりまた増えたりして、とてもじゃないがすべてを理解させられたとは思えない。徒労感に苛《さいな》まれながら、さっき下北の地理について語り続けたコパ氏もこんな気持ちだったのかと、初めて彼の気持ちを理解したのだった。

本当に歳はとりたくないものだが、イタコ待ちとドライブで疲れた初老四人組は、午後九時前後にバタバタと就寝。そして私は一一時過ぎにぱちりと覚醒《かくせい》。隣室の子供の泣き声がうるさくて、眠れないのだ。仕方なく薄暗い廊下でぼーっと本を読み、通りがかった他の泊まり客を三度ほど「ひっ!」と言わせたりしてみる。驚かせてごめんなさい。

三日目

一〇月九日（日）

午前六時前、起床。

開口一番「昨夜はうるさかったよねー。となりの子供がさー」とボヤいてみるが、誰も気づかなかったという。

ああ、まただよ、また。この前行った知床《しれとこ》の旅と同じだよ。なぜか私ばかりが旅先で子供の声に悩まされる。どうしてだ。どうして他の誰にもあの声が聞こえないのだ。たとえそれが「姿の見えない子」だとしても、一人くらいは気づいてもよさそうなものじゃないか……と考えてハッとする。

もしかするとあの声は宿に憑《つ》いているのではなく、私に憑いているのではないか。毎回こっそり同行し、一緒に旅を楽しんでいる「見えない子」なのではないか。

……だとしたら、それは一体誰だろう。まさか二〇年前、別れた夫のもとに置いてきたあの子だろうか。私が家を出る時、すやすや眠っていた小さなあの子。「あんたには身一つで出て行ってもらうよ。今後はこの子に指一本触れさせやしない」。そう言って義母が私の腕から奪い取ったあの子。ああ、あの子かしら。あの子が今も私を慕ってついてきているのかしら……。

という、何一つ身に覚えのない妄想過去に頭をぐるんぐるんさせながら、朝風呂へ向かう。風呂の中でも子供の声が聞こえる気がして胸が痛んだが、しかし風呂あがりの朝ビールを呑む頃には落ち着きを取り戻し、仮にそんな子がいたとしても今頃は二〇歳過ぎてて、それであの大騒ぎだなんて一体夫はどんな育て方をしたのかしら、お義母さんが甘やかしたのかしら、と見知らぬ脳内夫と姑《しゅうとめ》に腹を立てる余裕もでてきたのであった。七時半朝食、八時半過ぎ出発。

今日は夜のフェリーの時間まで観光三昧《ざんまい》の一日。いやまあ昨日もそうと言えばそうだったのだが、やはり恐山でイタコに会うという大きな目的の前に緊張していた感は否めない。

今日はそのぶん頑張るぞと張り切りつつ、まずは郷土の誇り、棟方志功《むなかたしこう》記念館へ。だが、はちきれんばかりだった私のやる気は、先客の強烈おばちゃん軍団を前にたちまち萎《しぼ》んでしまう。酒の席で誰かが先に酔うと自分はなかなか酔えない、というあの現象だ。あれが声も態度も迫力満点のおばちゃんたちを前にして、棟方志功記念館で起きてしまった。

圧倒され、とぼとぼと肩を落として館内を回る私。もちろん、彼女たちはそんな私に気づくはずもなく、「あ、これは××さんにいいんじゃない？」「あらほんと、ほんとに素敵」「やだ、こっちは？　ほらほら、こっち」「それもいいわねえ、じゃあこれとこれとこれを！」となぜか指示語を多用しながら大音声《だいおんじょう》で土産物を選んだりして、棟方志功ビデオを鑑賞中のユミちゃんの安眠を妨げるのであった。ていうかユミちゃん、なに寝てるのか。

棟方志功の後は縄文文化を学ぶべく、三内丸山《さんないまるやま》遺跡へ。

駐車場も無料なら入場料も無料、さらには案内料まで無料という、青森どれだけ

庭もきれいだったよ。写真撮ってないけどな

奥に見える白い建物のあたりが昔海だったのよ、信じられて？

太っ腹なんだよという施設を、ガイドさんに連れられてぞろぞろ歩く。空は青く、景色はきれいで、空気は清々しい。棟方志功記念館で失われたやる気が少しずつ戻ってくるのがわかる。

なかなか快適そうな竪穴《たてあな》式住居、土木技術の高さをうかがわせる舗装道路、発掘済の墓の跡、そしてゴミ捨て場。

広い敷地に点在する見学ポイントをピクニックのような気分で巡り、当時の食料事情や集落の様子や建築技術について説明を受けるが、ガイドさんの縄文愛によりそのすべての説明が「縄文人がいかに知的で社会的な生活を営んでいたか」というところに魔法のように収斂《しゅうれん》されていく。

おかげで私の中の縄文人は、

「竪穴式住居の中で家族が仲良く暮らし、木の実や魚を食べ、洒落《しゃれ》た服をまとい、男たちは毎朝舗装された道路を通って仕事へ出かけ、その出勤時にはちょっと遠回りして分別したゴミを収集所に捨てて行く」

というようなことになってしまった。どこの平成のサラリーマン家庭だよと思うが、でもだいたい合ってると思う（本当）。

この遺跡に一際高く聳《そび》え立つのが、巨大な櫓《やぐら》のような建築物。縄文人の測量技術の高さを証明するものとして、メインシンボル的な扱いでもって復元されている。立派なその姿に、ガイドさんの縄文愛もさぞ燃え上がるかと思いきや、実際に発掘されたのは櫓ではなく柱の跡ということで、それまでの断定口調が一転、「いやほんとは櫓じゃなくて屋根のある建物だったかもしれないし、見張り台だったかもし

竪穴式住居。何で正面から撮らなかったんだろ

とりあえずこんなんしてみましたー

れないし、祭殿だったかもしれないし、単なる六本柱だったかもしれないし、なんかよくわかんないけど、とりあえずこんな感じにしてみたんだよねー」という具合に、若干保身に走るあたりも見どころであった。

縄文の国を楽しんだ後は、青森市内のラーメン屋さんへ。昨夜キミエちゃんが持参した『るるぶ』を熟読し、検討に検討を重ねた結果、お昼ごはんは札幌ラーメンの店で食べることに決めていたのだ。

ここまで来てなぜ札幌か、という声があがるのは承知している。たかが三泊の旅、そこまで故郷が忘れられないか、と嗤《わら》う者もいるだろう。しかし、そうではない。着目すべきは「札幌」ではなく、味噌《みそ》でありカレーであり牛乳でありバターなのだ。

名物「味噌カレー牛乳ラーメン（バター入り）」。

なぜ混ぜたか。なぜ全部混ぜたか。百人が百人、思わずそう呟《つぶや》いてしまうであろう看板メニューに、私以外の人々は果敢《かかん》に挑戦したのである。え？　私？　私はしなかったよ。なぜなら乳製品が苦手だから。私が食したのは、カレーラーメン。通常ならばこれも「なぜ混ぜた」と糾弾《きゅうだん》されても無理のないメニューであるが、味噌カレー牛乳ラーメン（バター入り）の大混ぜっぷりの前には、存在感は薄い。まるでアイスのバニラを食べる時のような気分で、カレーラーメンを一人食した。

そのカレーラーメン、肝心の味に関しては、かつてコパパーゲ氏が「まずカレーを思い浮かべてください。ごく普通のカレーです。思い浮かべましたか？　では次にラーメンを思い浮かべてください。これもまたごく普通のラーメンです。思い浮かべましたか？　では次はそのカレーとラーメンを一緒にしたらどんな味がするか

なぜ混ぜたか

開け、記憶の蓋

乳が

なあと想像してみてください。いいですか。想像できましたか。はい、それです。それがいわゆるカレーラーメンの味です」と評した、まさにそのままであったことを報告したい。ちなみに味噌カレー牛乳ラーメン（バター入り）についてはわからない（食べてないから）。

さて、お腹がいっぱいになった後は風呂に入らねばと、食後は酸ヶ湯《すかゆ》温泉を目指し八甲田《はっこうだ》連峰へ向か……いかけたところで、ユミちゃんが何やら看板を発見。

「ねぶたの里だって！」

何で見つけちゃうかなあ。見つけちゃったからには行かねばなるまい。と、ねぶたの里が何であるかはまるきりわからないまま、吸い寄せられるように入場してしまう。遊びというのは一度スイッチが入ると止まらないのだ。

ねぶたの里は自然公園であった。散歩がてらぶらぶら園内を歩き、そのまま坂の上の「ねぶた会館」へと入る。一見、殺風景な倉庫のようだが、一歩中に足を踏み入れると、そこには、灯《あかり》のともったねぶたが一〇台ほど展示され、大変美しく迫力ある光景が繰り広げられている。賑やかなお囃子《はやし》を耳にしながら、その勇壮な姿を眺めているうちに突然、思い出が甦《よみがえ》った。

小一の頃に家族とねぶた祭りを見に来たこと、そのとき青森のデパートで迷子になったこと、動揺のあまり「七歳にして一生この見知らぬ土地のデパートで生きていかねばならぬのか」と悲壮な覚悟をしたこと、そのショックかどうか家でもしたことのないおねしょをよりによってその晩旅館でしたこと。

あまりの鮮やかな記憶に、こ、これはねぶたではなく、走馬灯《そうまとう》では？　と、死の可能性まで見えてくる。

そういえば、あのたった一度のおねしょを母親は親戚中に言いふらしたのだ。さらなる暗い過去に打ちのめされながら、つらい気持ちで館内を巡る私。そんな私を救ったのが、突如眼前に現れた光輝く仏様であった。後に写真を見た人たちから、「昔のバイト先の先輩に似ている」「親戚のおばちゃんに似ている」「幼馴染《おさななじみ》に似ている」と様々な証言のあった、不思議なお姿である。あらゆる人の中に仏は宿っているということだろうか。いずれにせよ、その、何をどう捉えていいかよくわからない圧倒的脱力感を前にして、まあ、どうでもいいかと、私の心も平安を取り戻したのだった。

仏様に見守られながら、いよいよ八甲田山へ向かう。

山道をうねうねと走り、まずは八甲田銅像茶屋に到着。途中、「銅像はこちら」

的な道を曲がってからかなりの距離があったため、「こっちじゃないんじゃね？」「あっちの道を曲がるべきだったんじゃね？」とコパパーゲ氏に進言してみたが、軽く無視される。どうやら、さすがの彼も道順について私の意見に従う危険性を理解したようだった。そしてもちろん彼が正しかったのだった。

八甲田銅像茶屋では、後藤伍長の銅像を眺める。後藤伍長は、あの「八甲田山死の行軍」において、猛吹雪の中、仮死状態のまま立っているところを捜索隊に発見され、一一分後に蘇生《そせい》、その報告のおかげで部隊の遭難が明らかになった、というとても偉い人なのだ。もう冬の神様みたいなものじゃないかと個人的に判断し、「守備範囲かどうかわかりませんが、今年は札幌にあまり雪が降りませんように」と、心の中でこっそりお願いしてみる。

さて今度こそ温泉に行きましょう、と駐車場に向かう我々の目に、妙にひっそりとした看板が飛び込んでくる。

「八甲田山雪中行軍記念館だって！」

何で見つけちゃうかなあ。見つけちゃったからには行かねばなるまい。一度押された遊びのスイッチは本当に切れないものなのだ、とねぶたの里と同じように軽い気持ちで入場したところ、しかし中で待ち受けていたのは、そんなお気楽な世界ではなかった。

目に飛び込んできたのは、予想以上に豊富な資料と写真と展示物。亡くなった人の氏名と顔写真が壁一面に貼られ、身につけていた衣服や所持品がずらりと並べられ、遭難に至る過程や救助の様子、生存者のその後などがこれでもかと語られている。

極限まで追い込まれた人間がどう行動するか、寒さは人から何を奪うのか。その生々しさに、寒冷地出身の我々四人は徐々に無口になっていく。最初は笑顔なども漏《も》れていたが、進むにつれ、

「あ、これはシバれ死ぬ」

生き返らせたのは軍医さん

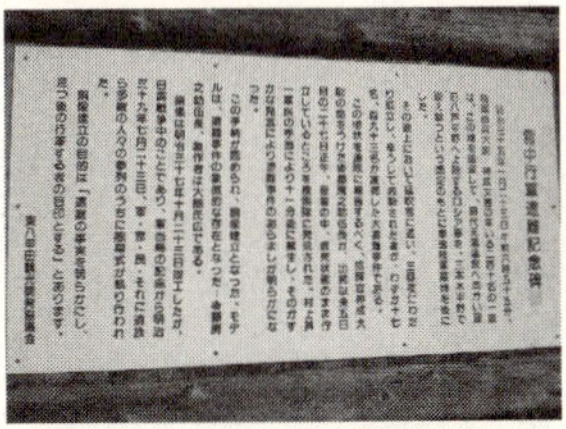

やはりここでもロシアの南下政策が。ろしあめー

「この服じゃシバれ死ぬ」

「この弁当じゃシバれて食べらんない」

「この靴ではシバれ死ぬ」

「この帽子ではシバれ死ぬ」

「この手袋でシバれ死なないわけがない」

と、ほとんど「シバれ死ぬ」しか言葉を発しない人々と化し、最後はまるで自分たちが遭難したかのごとく、ふらふらになって退場。こんなはずじゃなかったと、まさに「状況を甘く見た結果の大惨事」という八甲田の教訓を体現したのだった。

ああ、怖かった。でもまた行きたい。

午後四時、すっかりシバれた（ような気がする）身体を温めるため、ようやくの酸ケ湯温泉で入浴。ただし名湯と謳《うた》われるだけあって、駐車場も浴室も超満員である。混浴の「ヒバ千人風呂」に入ろうと思っていたが、あまりの人出に怖気づいて、結局男女別の湯へ。いくつになっても乙女心とは厄介《やっかい》なものと知る。

しかし、風情あふれる廊下を通ってたどり着いた女湯も、同じ乙女心を持った人々で大混雑。廊下に溢《あふ》れたスリッパに気圧《けお》され、

「こんなにたくさんのスリッパを生まれて初めて見た気がする」

とつぶやきながら、三人でなんとか入浴を果たす。

お湯は、うっかり顔を洗ってしまったコパパーゲ氏が「目が潰《つぶ》れるかと思った」と言うほどの強酸性。そして床が滑《すべ》る。どれくらい滑るかというと、湯に浸《つ》かって気持ちがほぐれ、やっぱ混浴の方でもよかったなーと後悔しはじめた頃、滑る床に足をとられて、どこぞの子供が派手に転ぶのを目撃。タオルを飛ばして何もかもを丸出しで寝転がる姿に、さっき同じように転びかけた自分を思い出し、ああ、混浴風呂であれを私がやっていたかもしれない、なんならそのまま頭を打って丸出しで気を失っていたかもしれない、私の乙女心よ、ありがとう……と感謝するくらい滑る。注意してもらいたい。

入浴を終えて外へ出ると、先程の喧騒《けんそう》が嘘《うそ》のように人の波がひいている。「さっきの時間が一番混むんだねー。そんでわりとさっさと帰っちゃうんだね」などと暢気に話しながら、十和田《とわだ》市方面へ車を走らせた我々は、やがてなぜ人々が「さっさと帰っちゃう」かを身をもって知ることになる。暗いんだよ。この時期すぐ日が沈むんだよ。沈んだら真っ暗なんだよ。山の中なんだよ。

なんだかこの前の知床旅行でも同じような目に遭《あ》った気がするが、とにかく真っ暗な山道を延々走り続ける。暗い。なにしろ暗い。正しい道を走ってるのか、あるいは狐《きつね》に化《ば》かされてぐるぐるしているのか判断がつかない。つまりは怖い。たまに現れる標識だけがかすかに人間の気配を感じさせるが、それだって本当は狐が設置したものかもしれない。やがて、

「いやもうでも些《いささ》か変でしょ、これ以上暗闇が続いたら、どこか別の世界に入り込んだってことでしょ」

「ていうか死んでるでしょ。ほんとは私たちもう死んでるでしょ」

「昨日の時点でどっかの崖《がけ》から車ごと落ちて全員死んでるでしょ」

などと口々に言い始めた頃に、ようやく十和田市の明かりが見えてくる。

「町だ！」

歓声をあげて商店街に入る我々。ああ！　ところが、なんということでしょう！　そこに人の気配はほとんどなく、白々《しらじら》とした明かりに照らされた無人の家並みが続いているだけではありませんか。

「まさか狐の国？　そ、それとも死後の国……？」

一瞬、本気で異次元の世界に迷い込んだと怯《おび》えた十和田市を無事に抜け、午後七時半、八戸着。フェリー出航までの二時間半の間に、ここで夕飯を食べねばならない。

車を港近くの有料駐車場に入れ、徒歩で繁華街へ向かう。コパパーゲ氏の提案で

「屋台村」を目指すことにするが、慣れない住所表示にうろうろするばかりで、一向に目的地がわからない。と、その時、ふいにキミエちゃんが声をあげた。

「私あれ持ってるよ！」

あ！　そうだそうだ！　忘れてた！　彼女は我々四人の中で唯一のスマホ所持者ではないか！

もう月まで

まだ六時過ぎなのに

せんべいは麩と言われればそうかなとも思う

心のきれいな人にだけ見える港の灯

万が一ここに……と思うと確かに供養に力は入る

「やだもう、もっと早く言ってよー！」

安堵《あんど》の笑《え》みを浮かべる我々の前に、「ほら！」すぱーんと掲げられた『るるぶ』。

「これに地図載ってるよ！」

って、うん、でもあなたの電話の方がもっと詳しく載ってる気がするよ。

結局、満員だった屋台村はあきらめ、道行く人に勧められた居酒屋で食事をとり、午後一〇時発のフェリーに無事に乗り込む。

かつて夜を徹して好きな男子の話に興じ、「この中で誰が一番最初に結婚するかなあ」などと盛り上がっていた我々であるが、恐山の影響であろうか、船内では「この中で誰が一番早く死ぬかなあ」と互いの葬儀にもっぱら思いを馳《は》せる。

ユミちゃんに至っては、私が恐山で買った教育マンガ『地獄と極楽』の「親の供養を子供がきちんとすれば、今地獄にいる親もいずれ極楽へ行くことができる」という件に異様に食いついてきており、いやもう確かに生きている人間のことだけを暢気に考えていられる歳ではないわけだが、それはそれとして両親が地獄にいると決め付けるのはどうかとも思ったのだった。

四日目

一〇月一〇日（月）

午前七時、苫小牧西港着。

四日間の旅の名残を惜しむ間もなく、主婦であり母であるキミエちゃん、ユミちゃんをまずは家へ送り届ける。その後、主婦でも母でもない私は、同じく主婦でも母でもないコパパーゲ氏と温泉へ。コパパーゲ氏の奥さんが管理する温泉のお風呂でこの旅最後の「極楽極楽」を唸り、ぐったりと疲れたコパ氏を尻目に、大好きな朝ビールとゆで卵で旅の余韻《よいん》を満喫したのだった。

ちなみに後日、キミエちゃんから送られてきた「いい知らせと悪い知らせ」というタイトルのメールには、「いい知らせは、スマホで道を探す方法が判明したよ！　悪い知らせは、案《あん》の定《じょう》母に恐山のおみやげ要《い》らないって言われた！」ということが書かれており、高校時代は隠れて一緒に酒を呑み、長じては恐山のような場所に娘を誘い出すバチ当たりな私を、やはりお母さんは怒っているに違いないのだった。でもとっても楽しかったよ、気がついて？

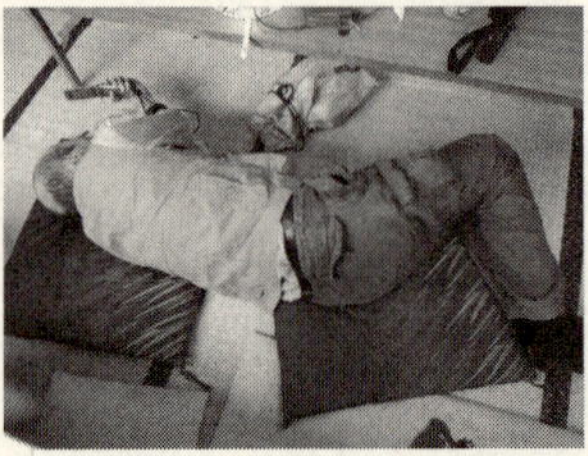
生きて！

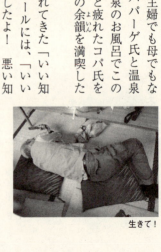

ぐうたら夜話

湯

丸川ヤマオが我が家にやってきたのは、日曜の午後一時二五分だった。

なぜそんなにはっきり覚えてるかというと、ちょうどテレビの『パネルクイズアタック25』が始まったところだったからだ。玄関チャイムが鳴ると同時に「こんにちはパネルクイズアタック25の司会の児玉《こだま》清《きよし》です」と、テレビから流れるような口調が聞こえた。児玉清。

スーツ姿で現れた丸川ヤマオは、とてもおどおどしていた。そして激しく緊張していた。ブルブル震える手で名刺を取り出しながら、「あの、あなた様はこちら様のお嬢様でしょうか。左様ですか、お嬢様ですか。あの、それでは突然で恐縮ですが、あの、わたくし決して怪しい者ではないのですが、本日はお大師《だいし》様のお告げをお知らせに参りましてございます」と一息に言った。目は少し泳いでいた。お大師様。

名刺によると、丸川ヤマオは地方公務員である。その地方公務員がここ一月《ひとつき》あまり、毎日のようにお大師様の夢を見たのだという。お大師様は「それはそれは立派な輪っかがじゃらじゃらついた錫杖《しやくじよう》」でもって、毎回同じ家の庭先に立って地面をつつく。見たことのない家であり、庭であるが、それがあまりに頻繁《ひんぱん》かつ現実的であるので、いてもたってもいられなくなった。それで休みの日に住宅街を歩き回り、夢の家と庭を探すことにした。

「わかった、それがうちとそっくりなんでしょう」

何気なくそう言うと、丸川ヤマオは飛び上がって驚いた。

「は、は、はい。あの、ええ、そうです、ええ、よくおわかりで」

それから不安げにまた目線を泳がせた。

丸川ヤマオはとにかく落ち着きがなかった。家に上がった後も始終きょろきょろと視線を動かし、テレビを数秒眺《なが》めては、壁の時計を見上げ、自分が座っている座布団の房を凝視した後で、ベランダ越しに狭い庭に目をやる。同時に広くなりかけた額をハンカチでしきりに拭《ふ》く。

ハンカチには奇妙な模様が描かれていて、それは「遺伝子模様」なのだと丸川ヤマオは唐突に説明した。

「あの、去年の職場の忘年会のビンゴ大会で当たった物でございまして、あの、しかし、これは、景品ですから、他意と申しましょうか、つまりわたくしの遺伝子を受け継いだ子供が欲しいとか、あの、そういう特別な意図は主催者側には一切ないのです」

「はあ」

それから彼は自分の父親の話を始めた。

「あの、わたくしの父は、わたくしが物心ついた時から温泉を掘っておりました。母はおりません。母はとっくに父を見限って、あの、駆け落ちといいましょうか、今でいう不倫の果ての逃避行？　まああの、そのような形で出奔《しゅっぽん》し、父はいよいよムキになって温泉を、あの、山奥にですね、温泉を掘っておりました。私財と他財、他財というのはもちろん借金ですが、それを投げ打ちまして温泉掘りに没頭しました。それはそれはもう景気よく投げ打ちました。わたくしはそんな父親の背中を見ながら育ち、絶対、あの、絶対父のような人生だけは歩むまいと思っていたのですが、そして何があっても温泉のことだけは考えまい、それがたとえラドン温泉でも考えまいとして生きてきたのですが、ところがここにきての連日のお大師様の夢。これは、父の、ええ、結局温泉を掘り当てることはなく父は夜逃げいたしましたが、その父が何かわたくしに伝えたがっているのではないかと、あの、そのようにも考えまして、あの、大変失礼かと存じましたが、本日このような形でお伺いクキ！」

「ク、クキ？」

「あ、申し訳ございません。あの、クイズの答えを」

丸川ヤマオはそう言って、テレビを指差した。『パネルクイズアタック25』の児玉清が流れるようにしゃべっていた。

「こんにゃくの原料となるこんにゃく玉はこんにゃく芋《いも》のどの部分？茎。そのとおりです。青の方お見事」

丸川ヤマオはそれを聞いて満足そうに一つ肯《うなず》き、遺伝子ハンカチで額を拭いた。

「あの、両親がそんなふうでしたから、あの、わたくしはずっと貧乏で、あの、それで、この番組に出てパリに、なんとしてもパリに行きたいと子供の頃から思い続けておりまして、あの、大変失礼いたしました。それでお大師様の件ですが、おそらく、庭の、あの、お庭のですね、ツツジが咲いているあたりを掘れば、おそらくはどなたかが、お父上かご母堂様かが丹精してらっしゃるツツジでしょうけれども、そのあたりを掘れば、温泉がわくのではないかと屋久島《やくしま》！」

私は再び慌ててテレビ画面を見る。

「九州本島に近いのはどちらの島でしょう？　屋久島、種子島。残念でした種子島が正解。赤の方、二問の間ご辛抱。お立ちください」

児玉清が気の毒そうに告げ、丸川ヤマオは少し顔を赤らめながら、すごすごと立ち上がった。種子島。

そのようにして、我が家には温泉がわいた。湯は豊富で良質、今ではちょっとした町の名所になっている。

丸川ヤマオとは、あの日以来会っていない。一度、名刺に書かれた番号に電話をかけ、何かお礼をしたいと申し出たが、丸川ヤマオはひどく狼狽《ろうばい》し、

「いえいえいえいえいえいえ、とんでもない。あの、わたくしは、あのお大師様の、あの、お告げをお知らせしただけでありまして、あの、何もあの、本当に」

と、断固拒否した。それでも私が食い下がると、しばらく何かを考えていたようだったが、やがて遠慮がちにこうつぶやいた。

「……では、あの、もしわたくしが、あのおこがましいですが、もしわたくしが『パネルクイズアタック25』に出場したら、あの、応援席で手を振っていただけると大変うれしいのですが……」

正直、あの番組のあの応援席に座るのは死ぬより恥ずかしかったが、私は了承した。丸川ヤマオは受話器の向こうでホッとしたように笑った。初めて聞いた丸川ヤマオの笑い声だった。

（「こんにゃく」「遺伝子」「温泉」で作ったショートストーリー）

完璧なゆで卵

前々からの計画どおり、その日私は仕事を休んで、恋人のために完《かん》璧《ぺき》なゆで卵作りにとりかかった。恋人はこよなくゆで卵を愛しており、私は恋人をこよなく愛していたから、彼のためにいつかは完璧なゆで卵を作りたいと心から願っていたのだ。

しかしご承知のとおり、ゆで卵というのは非常に繊細かつ深遠な食物である。

どんなに頑張っても、独学では限界がある。うまくいっても、完成度はせいぜい八割。必ずどこかに傷がついたり、翳《かげ》りが生じたりするのだ。今まで何度も失敗を繰り返し自信を失う私を、恋人は「完璧なゆで卵なんてどこにもないのさ」と笑って慰めてくれた。そうして八割程度の出来栄えのゆで卵に塩を振る。その姿は私の胸をしめつけた。

これが牛蒡《ごぼう》だったら、と正直私は何度も考えた。高校二年の文化祭の日、「校内牛蒡ささがきコンテスト」で優勝した過去を持つ私は、彼の好物がゆで卵ではなく、きんぴらごぼうであったらどんなにいいだろうと思っていた。

なにしろあの年のささがきコンテストは凄《すご》かった。家政科の強豪を抑えて、初めて普通科私立文系コースの私が優勝しそうになったため、決勝では判定にケチまでついたのだ。私のささがきが規定より〇・二ミリほど長いというのである。結局、二二年ぶりのノギス判定に持ち込まれ、工業科の教師による測量の結果、私の正しさは証明された。「合格！」そう叫びながら、高々と掲げられたノギスの輝きを私は一生忘れないだろう。

私がその話をすると、恋人はいつも少し悲しそうな顔になる。彼は牛蒡が苦手なのだ。そして八割の出来であるゆで卵を愛する。ああ、愛とはなんと不条理なものなのだろう。

そして私は今、「自動茹《ゆ》で卵殻《からむ》剝き機」を手に入れた。

「人類と鳥類が芸術的邂逅《かいこう》を果たして以来、『完璧な』茹で卵を目指した先人の流した汗と涙は、今や時を横切る大河となって我々の前に横たわっている。その河に初めて架けられた希望という名の橋、それが我が丸川ヤマオ商会開発の自動茹で卵殻剝き機『つるぴかぽん』である」

取り扱い説明書冒頭に書かれたこの惹句《じやつく》を読んだ瞬間、私の胸は感動であふれた。

なんたる頼もしさ。私が求めていたものはここにある。愛する恋人のために、いよいよ完璧なゆで卵への第一歩を踏み出す時がきたのだ。

『つるぴかぽん』説明書によると、完璧なゆで卵を作るには、実に百二十七の工程を必要とするという。

私は指示に従って朝四時に起床、冷蔵庫から卵を取り出し（卵というものは本来東の空がまだ明け切らぬころに鶏小屋から取り出すべきものであるのだそうだ）、身体中の関節を順序よくほぐし（卵を扱うのは関節のバネが重要なのだそうだ）、卵の大きさをノギス（！）で測定し（『つるぴかぽん』には卵の大小に対応する装置がまだ装着されていない）、光に透《す》かして殻の厚さを計算（計算式がまたややこしい）した。

工程の約三分の一を終えたところでお昼になったので、数時間ぶりにソファに腰をおろし、メロンパンを食べながら、ふろくの「丸川ヤマオ商会の歴史」を読んだ。

それによると丸川ヤマオ商会が、「自動茹で卵殻剝き機」を世に送り出すのはこれが三台目である。初代自動茹で卵殻剝き機『ずるむけ君』は、殻のみではなく卵本体まで粉々にしてしまうという不具合が、二台目『つるっぱげ君』では、殻が卵本体深くに入り込んでしまうという不備が指摘され、一時は開発中止も話し合われた。しかし、創業者である丸川ヤマオ名誉会長（当時九二歳）の「日本の太陽は卵型である」という一言で、社員一同忘れかけていた夢を取り戻したのである。「その時、社内では怒号にも似た喚声《かんせい》があちこちで湧《わ》き起こった。不屈の魂の雄たけびであった」

なるほど、とメロンパンのかすを払い落としながら私はうなずいた。機械に歴史あり。そして私がその恩恵をうけているというわけだ。

午後になると作業はますます繊細さが要求されるようになった。ここからは原子力発電所なみの高度な技術と慎重さが必要です、と説明書には書かれていた。

私は深呼吸を繰り返しながら、指示に従っててていねいに測定した。測定の対象は多岐にわたった。卵はもちろん、室温や鍋の大きさやガスレンジの火力やシンクの深さや水道水の温度や、とにかくありとあらゆるものを測定し、それを記録・計算した。途中でうっかり卵を一つ割ってしまった時には、複雑な計算がすべてふいになった衝撃で、目の前が真っ暗になった。しばらく床に座り込んでしまったくらいだ。心の中では、もういいじゃないか、と誰かがささやいていた。ゆで卵は諦《あきら》めて、牛蒡で勝負をしたらいいじゃないか。牛蒡だって食べりゃ旨《うま》いんだ、と。

しかし結局、私はゆで卵を作り続けた。昼に読んだ丸川ヤマオ氏の苦難の人生を思い出したからだ。丸川ヤマオ氏は、鶏卵の行商をしていた若い頃、峠で山賊に襲われ、背負っていた三百個の卵をすべて割られてしまったのだ。それでも卵への情熱は失われることなく、遂にはこのような素晴らしい装置を開発した。ただし、なぜ山賊が卵を食べずに割ったのかについては、丸川ヤマオ氏にもよくわからない。

作業が最終工程にさしかかったのは、恋人が仕事を終えて私の部屋へ向かう頃だった。もう日はとっぷり暮れていた。長かった。本当に長かった。

ぎしぎし軋《きし》む背中をまっすぐに伸ばして、私はゆで上がった卵を『つるぴかぽん』にセットした。震える手でハンドルを右へ二回左へ四回まわす。手のひらに軽い抵抗が走った後、やがて殻を剝かれてつるつるぴかぴかになったゆで卵がぽんと目の前に現れた。素晴らしい。私はしばし言葉を失ってその美しい姿に見ほれた。完璧だ。歪《ゆが》みも凹《へこ》みも傷もくすみも何一つない、完璧なゆで卵だ。

手にとるとそれはまだ温かい。私は少しだけ涙を流し、まもなくやってきた恋人に、無言で「完璧な」ゆで卵を差し出した。恋人も、また泣いた。

（「牛蒡」「つるっぱげ」「原子力発電所」で作ったショートストーリー）

そろばん師

トイレのドアがいよいよ壊れてしまったので、そろばん師を呼んだ。

ドアは一年ほど前から調子が悪く、開け閉めするたびにギイギイ音をたてるようになった。今まではなんとか夫が応急処置をしていたのだが、その夫が二週間前に女を作って出て行った（という言い方が下品であるなら、『ほかに好きな女性が現れたので離婚を視野に入れた長期的別居をしたいのです彼女は運命の人なのですていうかオマエのいれるお茶はいっもぬるすぎるんだよ』と言って私の前から颯爽《さっそう》と去って行った）ので、ドアのギイギイはひどくなるばかりだった。昨日は、とうとうひとりでにドアが開き、まるで御詠歌《ごえいか》のような長い長い節回しで一晩中ぎいぎいいぎいいいと音をたてていた。小さな黒い影が横切るのも見えた。

ああ、と私は観念した。ああ、いよいよそろばん師を呼ばねば。

我が家へやってきたそろばん師は、私と同じくらいの背丈をした小さな男性だった。灰色の作業着に身を包み、首からは身分証をさげていた。そこには実物より二歳くらい若く見える顔写真が貼り付けられ、大きな文字で「丸川ヤマオ」と書かれている。「仲間内ではヤマちゃんと呼ばれてるんですわ、ひよひよひよ」と、身分証をひらひらさせながらそろばん師は言った。ひよひよひよというのは彼の笑い声で、笑っているところをみるとそれが挨拶《あいさつ》のつもりらしかった。笑い終えると背中に差した長い長いそろばんを取り出し、「奥さん、さっそく始めましょうや」と甲高《かんだか》い声で言った。

私が最初にそろばん師の話をきいたのは、確か七歳のころである。その頃の私は死後の世界に魅せられていて、四六時中親につきまとっては、「人は死んだらどうなるのどこに行くのたましいって何それは本当にあるの一度死んでもまた生まれてくるの」と尋ねてばかりいた。ある日、そんな私を心配した母親がこう言ったのだ。「そんなことばかり考えてるとあっち側に引っ張られちゃうよ。そうしたら捨者《すてもの》になるかそろばん師になるしかないよ」と。あっち側というのは、目には見えない言葉にはできない深い深い溝《みぞ》のようなものだ。果てしのない答えのでないことばかりを考えていると、人はその溝に吸い込まれてしまう、というのが母の説明だった。私はブルブルと震えた。そんなわけのわからないところに吸い込まれたくはない。私は死後の世界について考えるのをやめた。そして、まだ見ぬそろばん師を心から恐れた。

「ああ、こりゃ危機一髪ってとこでしたね奥さん、危なかったですわ」

トイレのドアを裏表ていねいに擦《こす》りながら、丸川ヤマオは言った。

「ほらここ、ここごらんなさい。ずいぶん歪《ゆが》みがきてますぜ。どなたかが（もちろん夫だ）修繕《しゅうぜん》しなすった跡があるけど、よくご無事でしたなあ。生兵法《なまびょうほう》は怪我《けが》のもとってね、よく素人さんが手をだして泣きついてくるんですけど、一度ドアが閉まっちゃうとあたしらでも、どうにもできないんで。どこに繋《つな》がるか、見当もつかない。一度なんかミシシッピですよミシシッピ。ドアがアメリカのミシシッピまで繋がっちゃって、一家四人がいなくなっちゃったんだから。あれには参ったなあ。ひよひよひよ」

話しながらも、丸川ヤマオはひっきりなしにドアを擦り、その手で床に置いたそろばんをはじく。長いそろばんをいっぱいに使って、パチリパチリと計算を続ける。何を計算しているかといえば、もちろん歪みだ。放っておけば、あの深い深い溝へ繋がってしまうという歪みを、そろばん師は計算し、修正するのだ。

「ミシシッピに一家四人が消えた時には」うつむいたまま、そろばん師は言った。「捜索隊をどこに出すかで揉めましてね。アメリカって国はパッと見ただけじゃあれですね奥さん、どこがどこだかわかりゃしない」

下を向いた丸川ヤマオの声は少しくぐもって聞こえる。

「でもね、あたしにはわかったんです。ぴんときた。空気がね、あの時と同じだった。あの時ってのは新婚旅行ですわ新婚旅行。あたしら夫婦はミシシッピに新婚旅行に行ったんですわ。女房があれが好きで。トムソーヤ。まあ物好きってんでずいぶん仲間には冷やかされたけど、それが役にたったってわけですよ、ひよひよひよ」

「はあ」

「ところで」

「はい」

「……あたしの時は宇宙でした」

「はい？」

「あたしは来る日も来る日も宇宙について考える子でした。宇宙のはじまりはどうだったのか、宇宙に果てはあるのか、あるとしたらどんな形か、そしてその果ての向こうはどうなってるのか、毎日毎日考え続けて、とうとう自分ではどうしようもできなくなってしまった。引き返せなくなったんですね。で、好きな女がいたから捨者にさえなれず、こうしてそろばん師になっちまった。でもそのおかげで見えるものもあるんですわ」

そう言って、丸川ヤマオは私の顔をじっと見た。

「失礼ですが、奥さん、計算しましょうか？　靴でも傘でもなんでもいい、旦那《だんな》さんの物があれば、これを」と言って、手元のそろばんを指差す。「これをはじいて計算すれば、旦那さんがいつここに帰ってくるか、あるいは」

今度は黙り込んだ。小さな目が不安げに動く。

「あるいは帰ってこないかがわかる」

と私は言葉を継いだ。丸川ヤマオは、皺《しわ》だらけの口もとを少し尖《とが》らせて肯《うなず》く。

ああそうだ、そろばん師の目と手は歪みを捉《とら》える。たとえ心の問題であっても、それが歪みである限り、その存在を察知するのだ。なるほど、さぞかし私たち夫婦は歪んでいることだろう。

四〇分後、ドアの修理を終えて丸川ヤマオは帰っていった。ずいぶん迷ったけれど、夫のことは「はじいて」もらわなかった。そんなことをしても、何かがどうなるわけでもない。そろばん師が察知するくらい歪んでいることがわかっただけで十分だ。

以来、私はミシシッピと丸川ヤマオのことをよく考える。ミシシッピで若い妻とはしゃぐ若い丸川ヤマオ。アメリカの風に吹かれてひよひよ笑う丸川ヤマオ。ミシシッピの星空を見上げて宇宙について考える丸川ヤマオ。ミシシッピには行ったことがないから想像するだけだ。でも、死後の世界や宇宙について考えるよりは、ずっといいと思う。

（「御詠歌」「ミシシッピ」「捨者」で作ったショートストーリー）

アンケート

考え事をしながら歩いていたら、駅前で月刊誌『月刊いとこ』のアンケートにつかまった。紺色《こんいろ》のスーツに身を包んだ若い女性がにこやかに近づいてきて、「ちょっとよろしいですか」と声をかけてきた。よろしいかよろしくないかと言えばちっともよろしくないのだが、考え事に気をとられていて、つい反射的に足をとめてしまったのだ。

考え事というのは、アニメ『みなしごハッチ』の二番の歌詞である。これは実際うたってみるとわかるのだが、「こわいやつだよ　カ

マキリ　ムカデ　にくいやつだよ　スズメバチ」の後がなかなか思い浮かばない仕組みになっている。私はいつも同じところで引っかかり、そのたびに三日くらいかけて大変な苦労の末なんとか思い出す。そして再びきれいに忘れる。ということをここ一〇年くらい繰り返している。どうしてきちんと覚えられないのかはわからない。

「あなたはいとこという存在についてどう思いますか」

と彼女は私の前に立ちふさがるようにして、いきなり言った。にくいやつだよスズメバチにくいやつだよスズメバチとつぶやいていた私は、状況がすぐには把握できずに黙って彼女の顔を見た。ずいぶん若い。まだ学生のような顔をしている。

「いとこという存在です」と、しかし落ち着き払った様子で彼女は繰り返した。

「ご存知ですね、い・と・こ」

「いとこ？」

「そうです、いとこです。父または母の兄弟姉妹の子」

「はあ」

「どう思いますか？」

「どうって？」

「いとこについて、どう思いますか？」

「……え、いや、どうもこうも」

「どうもこうも？」

「いとこは、いとこかと」

「いとこは、いとこ」

復唱しながら彼女は手元の用紙に私の言葉をかりこりと書きつける。

「なるほど。では、少子化が加速度的に進む昨今の、いとこ界の衰退についてはいかがお考えですか」

「はい？」

「衰退です、いとこ界のす・い・た・い」

「衰退」

「はい」

「いとこ界の」

「はい」

うーん、と私は考えるふりをした。実家の飼い猫が毛虫を眺《なが》めるような目つきで、彼女はじっと私の目を見ている。いとこ界が衰退していることなど初めて聞いたが、というか、いとこ界なるものの存在自体初めて知ったが、正直にそう告げるといかにも話がややこしくなりそうだった。そんな暇はない。私は一刻も早くこの場を離れて、みなしごハッチ問題に戻らねばならぬのだ。

「まあそれは」と、そこで私は言った。「なかなか残念なことではないかと」

「残念」

キラリと彼女の瞳が光る。周囲の温度が二度ほど下がった気がした。無難な答えを選んだつもりだったが、どうやらそれは間違いだったらしい。まるで詰問《きつもん》するような口調になって、彼女は続けた。

「残念ということは」と私から目をそらさずに言う。「あなたは丸川ヤマオ派が提唱する、いとこ拡大のための養子推進策に賛成ということですか？」

やはり失敗だった。もう言ってる意味がわからない。彼女が腹をたてていることしかわからない。なんとかこの場を逃げ出せないものかとあたりを見回すが、しかし、気がつけばビルの隅《すみ》に追い詰められ、周りをふさがれていた。彼女はなかなか優秀なのだ。

「えーと、誰の何？」

仕方なくもごもごと私は尋ねる。

「丸川ヤマオ派のいとこ拡大のための養子推進策」

押し殺したような声で彼女は答えた。「自分の子供にいとこを持たせるためだけに、子供のいない兄弟に無理やり養子をとらせる制度を立法化しようという、血も涙もない運動です」

「ははあ」と、彼女の顔色を窺《うかが》いながら私はうなずく。「なるほど、それはちょっと乱暴な意見ですね」

「ちょっと？」

「あ、いえいえいえ、とても。とても乱暴な意見」

私は大慌《おおあわ》てで首を振り、彼女は満足げにアンケート用紙に記入する。とても乱暴な意見。

「では最後に」

「はい」

「あなたにとっていとこととは何ですか？」

「……」

「……」

「……」

「……」

「……親戚」

親戚。アンケート用紙にそう書いて、彼女は一つ大きく息を吐いた。

家に帰って、別れ際に彼女がくれた『月刊いとこ』をぱらぱらと読んだ。ものすごく厚くてものすごく重い。巻頭を飾る特集は、「花園レイコ　その華麗なるいとこ遍歴を語る」という企画で、九〇歳をとうに超えたと思われる女性が、「いとこという存在が人類の心の砂漠を救う日がきっと来ると信じています」と涙を流して語っていた。涙は目尻の皺《しわ》をたどり、奇妙な軌跡を描いて頬《ほお》の皺へ吸い込まれていた。

私はその月刊誌を枕がわりにして寝転ぶと、そのままの体勢で、いとこに順番に電話をかけた。私にはたくさんいとこがいるのだ。一二人目でようやく『みなしごハッチ』の歌詞を暗唱できる人間にいきあたり、私は今度こそ忘れないようにそれをメモに残した。

「こわいやつだよ　カマキリ　ムカデ　にくいやつだよ　スズメバチ　愛と勇気を　背中にしょって　行けば　この世に　敵はない」

そして、教えてくれたいとこの顔を思い浮かべながら風呂で一人で何度もうたった。『月刊いとこ』の人には悪いけれど、いとこなんてこの程度の存在でちょうどいいと思う。

（「養子」「月刊誌」「砂漠」で作ったショートストーリー）

家族

それが多いか少ないかはわからないが、私が今までの人生で出会った縄文人は、全部で五人である。そのうちの二人とは比較的最近言葉をかわした。二カ月ほど前に新しくアルバイトに入った近所のコンビニ店員と、それから少し後に訪れた駅の忘れ物係である。彼らは二人とも縄文人であることを明かしたわけではないが、「きなこ餅《もち》」を「コノコ餅」と発音したために、偶然そうだと知れた。私はそのコンビニで「きなこ餅」を買い、それを駅に忘れたのだ。

あとの三人と出会ったのは、まだ中学生だった頃のことである。彼らはある日突然我が家を訪れ、礼儀正しい態度と感じのいい笑顔であっという間に父の心をほぐすと、なんなく軒下《のきした》に住みついた。狭い軒下に器用に竪穴《たてあな》式住居を構え、縄文土器を作り、そして全員名前を持たなかった。彼らは、あらゆる意味において正真正銘《しょうしんしょうめい》の縄文人だったのである。

軒下の縄文人一家は、縄文人（男）と縄文人（女）、それから縄文人（息子）の三名で構成されていた。

彼らはそれまで西の餅屋の軒下を借りていたのだが、「この度餅屋さんのご商売が繁盛なさって、目出度《めでた》く増築の運びとなられました」ため、新しい住処《すみか》を探しているのだと、私の父に説明した。初めて我が家を訪れた夜のことである。

「それでしばしの間、ええ本当に短い間で結構ですので、軒下をお貸し願えないでしょうか」

生まれて初めて耳にする縄文人の声は、柔らかいけれどもよく通った。流れるような言葉が、リビングにいた私と母のもとにまで届く。それを聞いた瞬間、母が諦《あきら》めたように首を振ったのが見えた。気が弱くて優しい父が、誰かの頼みを断ったことなど今まで一度もないからだ。やがて、母の諦めに追い討ちをかけるように、

「ありがとうございます、ありがとうございます。ええ、次の軒下が見つかり次第すぐにおいとま致します。ああそうだ、これはつまらない物ですが、どうぞお納めください。西の餅屋さんで一番人気のコノコ餅です。ずいぶん行列もできておりました。お口に合うかどうかわかりませんが、ほんの気持ちです。さささ、さ、どうぞどうぞ」

と、はじけるような縄文人の声が家中に響いた。

私はそのころにはどうにも我慢ができず、リビングの扉の隙間《すきま》から玄関を覗《のぞ》きこみ、父に「きなこ餅」の包みを渡す縄文人たちを見ていた。仕立てのいいスーツ姿の男性と、真っ白な割烹着《かっぽうぎ》を身に着けた女

性、それから坊主頭の小さな男の子。初めて会う縄文人三人は、そろって上品で感じのいい笑顔を父に向け、薄暗い玄関に立っていた。


縄文人たちの暮らしぶりというのはこうだ。

朝は毎日決まった時間に起床。竪穴住居の前に整列して、ラジオ体操第一を厳粛《げんしゅく》に執《と》り行なう。不思議な甘い香りのする朝食をとり、その後、縄文人（男）はスーツを着込んでどこかへ出かける。残った縄文人（女）は、白い割烹着に泥ひとつ付けることなく器用に縄文土器を作り、縄文人（息子）は、そんな母親の手伝いをして土をこねたり、長い時間をかけて火をおこしたりする。夕方、縄文人（男）がどこかから戻ると、三人で再び甘い香りのする夕食をとり、毎日決まった時間に竪穴住居で眠る。

日曜には、完成した縄文土器を背負子《しょいこ》に積んで、三人で出かけた。手ぶらで帰ってくるところをみると、固定ルートを通してまとめて売りさばいているのだろうと、父は言った。

「彼らはなかなかやり手らしいね。以前、広場の野良犬を縄文犬だと言って売ったこともあったそうだ。縄文犬は高価だからな」

それでも総じて彼らは真面目で働き者だった。時々、庭先で顔を合わせると、子供の私にも丁寧《ていねい》に挨拶《あいさつ》をした。名前を持たないことを除いては、我々と何も変わらないように見えた。

どうして名前を持たないのかと、私は縄文人に一度尋ねたことがある。

夏の夕暮れ、縄文人(男)は甕《かめ》(もちろん縄文土器だ)から掬《すく》った奇妙な色の酒を飲み、さらに煙草《たばこ》をふかしながら、夕涼みをしていた。彼がそうしてくつろぐ姿は珍しかったので、私はなんとなく親密な気持ちで彼のとなりにしゃがみこんだのだ。軒下には、縄文人(女)がつくる料理の甘いにおいと、我が家から漂うカレーのにおいが、ほどよく交じり合っていた。

「名前がなくて不便じゃないですか?」

と、何気なく私は訊《き》いた。

縄文人（男）は酒を一口飲み、それからじっと私を見た。黒目がちの瞳で、ただじっと見た。

「名前を持つなんて、そんな危なっかしいこと我々はしないのですよお嬢さん。みすみす嵌《は》め込まれてしまうようなことを我々はしないのですよお嬢さん」

やがて、低い声で縄文人（男）は言った。にやにやとした下卑《げび》た笑いを顔面に貼りつけ、小さく首を振る。それは我が家へやって来た時の、上品で感じのいい笑顔とはまるで別物だった。

「縄文人には縄文人の生き方があるんですよお嬢さん」

咥《くわ》えていた煙草を地面に投げ捨てて、縄文人（男）は続けた。「それは真の意味で自由な生活なんですよ、自由。お嬢さんには想像もつかないでしょうけどね」

そして足元の煙草に酒をかけ、じるりという嫌な音をさせてその火を消した。

縄文人一家が出て行ったのは、それから二カ月ほどたった秋の日である。

その日、私が塾から帰ると、縄文人の一家が食卓を囲んでいた。いつも父が座っている場所には縄文人（男）が、母の場所には縄文人（女）が、そして私のところには縄文人（息子）が座っていた。三人は私にはわからない言葉でなにやら喋《しゃべ》りながら、時折声をそろえて笑った。秋もかなり深まった頃で、部屋には柔らかなシチューのかおりが漂い、窓ガラスは薄くくもっていた。

「おや、おかえり」と、私に気づいた縄文人（男）が言った。

「ごはんだから早く着替えてらっしゃい」と、縄文人（女）が言った。

「遅かったね、おねえちゃん」と、縄文人（息子）が言った。

私は三人を前にして言葉を失い、しばらくの間立ち尽くした。彼らはそんな私をあの黒目がちの瞳で見つめていた。誰も笑っていなかったと思う。

「……お父さんは?」。やっとの思いで私は尋ねた。「それから、お母さんも」

縄文人たちは心底不思議そうに顔を見合わせ、やがて縄文人（男）が、おいおいどうした? みんなちゃんとここにいるじゃないか、と優しく言った。見ると、縄文人（男）は父のスーツを、縄文人（女）は割烹着ではなく母のエプロンを身に着けていた。縄文人（息子）だけはいつもと同じ格好だったが、彼もまた怪訝《けげん》そうに私を見つめていた。

「本当にどうしたんだ? お父さんじゃないか。ほら、ちゃんと丸川ヤマオと書いてある。お父さんの名前だろう?」

そう言って縄文人（男）は上着の内ポケットのネーム刺繍《ししゅう》を見せる。丸川ヤマオはもちろん父の名前だ。でもだからといって、この人がお父さんなわけじゃない。私は懸命に訴える。

「違う、あなたは丸川ヤマオじゃない、だってあなたの本当の名前は……」

そうして絶句する。彼らには名前がないのだ。頭がガンガンしている。

「この子、きっと疲れてるのよ」

縄文人（女）がそっと口をはさむ。「おいしいものを食べてゆっくり眠れば大丈夫よ。今日はキノコのシチュー。お母さん、パートの休み時間にゴルフ場の林の中でこっそりキノコ採ってきちゃった」

違う違う、と私はまた思う。ゴルフ場で働いているのは確かに母だけれど、でもだからといって、この人がお母さんなわけじゃない。

私はとっぷりと日の暮れた街に飛び出し、そのまま朝まで橋の下で泣き続けた。

後になってわかったことだが、彼らは「留守番を頼まれていた間

（これは本当だった）のちょっとした悪ふざけ」だったと両親に謝罪したそうだ。けれども私はそうは思わない。あの時、もし私が一緒に食卓を囲んでいたら、彼らはあのまま丸川ヤマオ一家として生涯を送ったただろうと思う。うまく説明はできないけれど、今でも私はそう確信している。

以来、私は縄文人をほとんど信用していない。

（「ゴルフ場」「縄文人」「きなこ餅」で作ったショートストーリー）

心のふるさと積丹をゆく

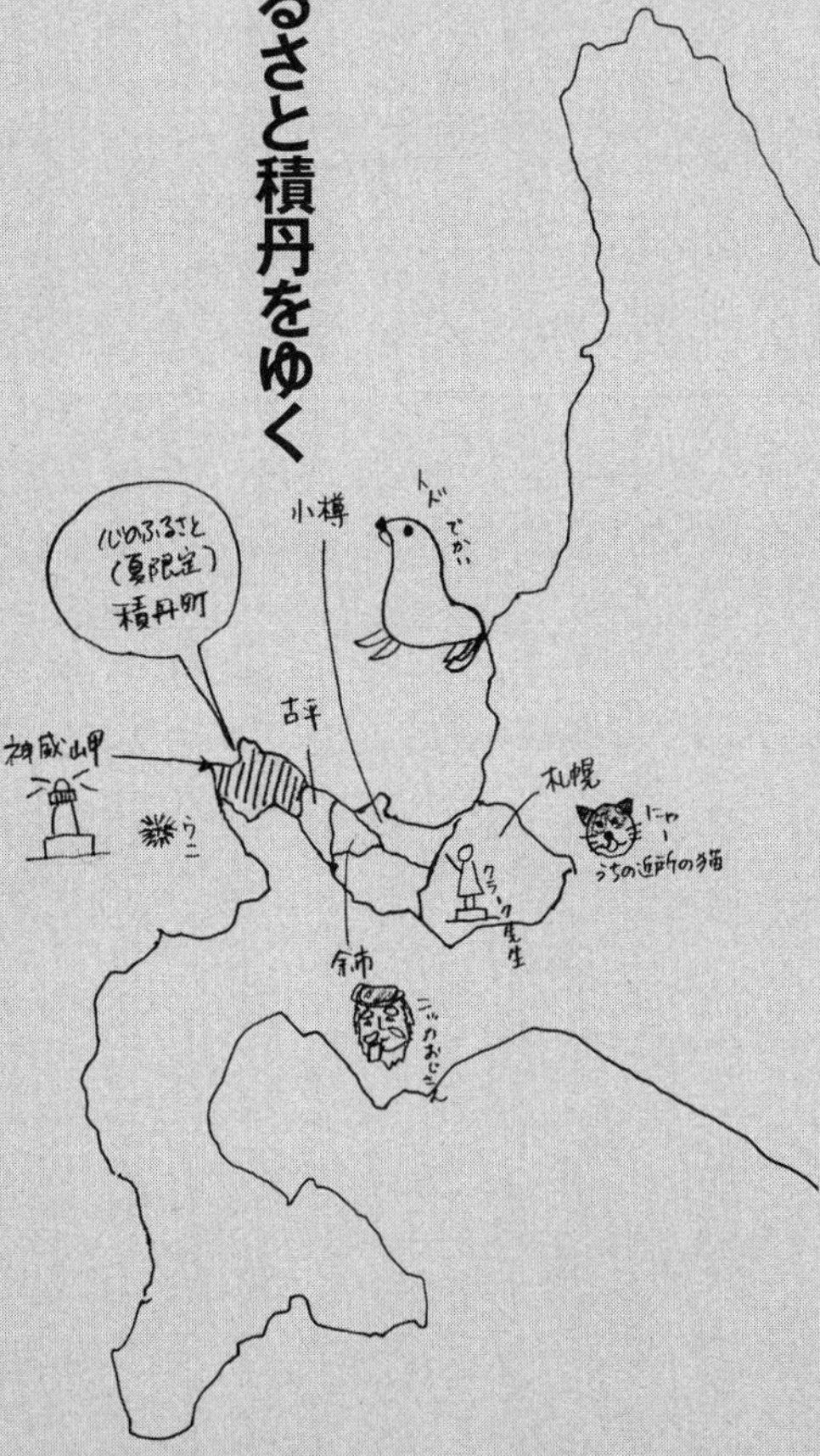

ウニへの道

〈日程　二〇〇六年八月一九日―二〇日〉

●いっしょに行った人

北海道から
ハマユウさん……北のスーパー幹事。30代女
ヤマシタ（姉）……看護師。40代女
ヤマシタ（妹）……証券会社勤務。40代女
〝アニキ〟イナミ…老人福祉施設勤務。40代女
コパパーゲ氏……編集者（寿郎社）。40代男

東京から
ユウさん……………ＯＬ。30代女

不参加だけど
オッカさん…………主婦。40代女
ミナミさん…………主婦・歌人。40代女

二〇〇六年八月一九日（土）

ウニツアー初日。

午前九時半にコパパーゲ氏が迎えに来てくれるというので、四時半起床。早起きしすぎのような気もするが、愛するウニのことを考えるとおちおち寝ていられない。これから年に一度のウニとビールまみれの二日間が始まるのだ。

高ぶる気持ちを抑え切れないまま、まずは東京（本当は横浜）からやってくるユ

ウさんを迎えに、コパパーゲ号で空港へ。今にも雨が降り出しそうな空模様に、旅の間の天気が心配されたが、事前のメールでは「私、晴れ女だから大丈夫！」と自信満々。実際、到着時刻が近づくにつれ、垂れこめた雲の隙間《すきま》から青空が見え始める。

「お、恐るべし晴れ女……」

驚嘆の思いで立ち尽くす我々の前に、やがて満面の笑みで登場するユウさん。見ると、腕にはなぜかスヌーピーのぬいぐるみをしっかり抱いている。おまけに、そいつの手をとり、ぶんぶん振らせたりもしている。

「な、なにそれ？」

「嫌でしょ？　こういうの嫌でしょ？　キミコちゃん嫌がるだろうなあと思って」

嫌だよ！　嫌に決まってんだろ！　ぬいぐるみとか意味わかんないんだよ！　つうか、嫌がらせ？　あんたいい年して嫌がらせのためだけにスヌーピー抱っこしてきやがったのかよ！

「だってウニが楽しみだったから」

ユウさんの理屈の見えない喜びの表現に戸惑いつつ、コパパーゲ号で再び札幌へ向かう。車中では、遠路はるばる来てくれた彼女に声をかけようとにっこり後部座席を振り向くたびに、膝《ひざ》の上のスヌーピーが目に入り、たちまちテンションが下がる私。

結局、「しかし……スヌーピーなあ」などとボソボソ言いながら、延々高校野球準決勝「駒大苫小牧《とまこまい》―智弁《ちべん》和歌山」戦をラジオで聴くことになったのだった。

札幌で、ハマユウさんとヤマシタ（妹）と合流。北のスーパー幹事ハマユウさんが選んだスープカレーの店で昼食をとる。初めて入る店だが、なんというかこう造りがすべてこじゃれている。内装はシックで、メニューはシンプル、置いてある雑誌は見たこともないオシャレ雑誌で、ビールグラスは耳からでも一気に呑《の》めそうなくらいに小ぶり。もちろん店内に流れるのは静かなジャズのしらべ……かというと、その日に限っては大音量でラジオの「駒大苫小牧―智弁和歌山」戦がガンガン

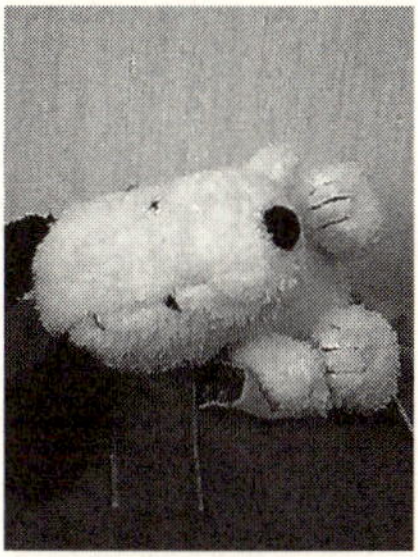
こんなの連れてきやがった

響いている。

オシャレなスープカレー店が一気に立ち呑み屋へと変貌《へんぼう》をとげる野球中継の実力と、店のコンセプトを全無視する勢いで地元校の優勝を応援するお店の心意気に感激しつつ昼食。ああ、熱闘甲子園。

昼食後は小樽《おたる》へ。車中は当然、続・熱闘甲子園。ぽ

こぽこエラーする駒苫の二塁手に怒った私が彼との絶交を宣言したり、ヤマシタ（妹）に「あのね、知らない人との絶交は無理なんだよ」と諭されたり、気を落ち着けるためにハマユウさんが持ってきた「アルコール耐性パッチテスト」に挑んだりした。

パッチテストは腕にアルコールを染み込ませたシールをぺたりと貼り、その反応を見て耐性を知るというものだが、車に乗り込んだ五名のうち誰一人としてアレルギー反応の出るものはなし。私も「あなたね、普段頑張ってお酒を呑んでるけど、本当はあまり呑めない体質だわね。このままだと宴会中に突然気分が悪くなって倒れて、たまたま通りがかったアラブの石油王に助けられて、『こんな人を待っていた！　呑めない酒を呑み倒したあげく死にかけるような人を！』とか言ってプロポーズされて、第二〇夫人の座を手にするような目に遭《あ》うかもしれないからチューイして」という結果がでるのではないかと、口から肝臓が飛び出そうな勢いで期待したが、結局は「いやあんた全然オッケーっすよ、超酒呑めるっす」という実につまらない結果であった。

意外性とアラブの石油王のない人生ほど退屈なものはない。あのテスト、インチキじゃないのか。

試合終了（勝った！　勝ったよおじいさん！　駒苫が勝ったよ！）とほぼ同時におたる水族館到着。さらに同時刻、イナミさんと仕事を終えたヤマシタ（姉）も別の車で到着する。ヤマシタ（姉）はそのタイミングのよさに、「すべての神々がこのウニツアーを祝福している！」と誇らしげに叫んでいた。彼女は後の二日間、このセリフを頻々《ひんぴん》と口走ることになるのだが、その陰に異様なほどのウニ好き魂が潜《ひそ》んでいることを、この時はまだ誰も知らなかった。

そのおたる水族館では、ペンギンショーとアザラシショーとトドショーとオタリア・イルカショーをハシゴする。

水族館は山にある

イナミさんの「アザラシとアシカとイタチって、どこが違うの？」という、園児向け「この中にひとつだけ仲間はずれがあります。それはどれでしょう」的な質問に衝撃を受けつつ、たっぷり鑑賞。というかイナミさん、どこからイタチ持ってきた。

海獣好きの私は、とりわけトドショーに心打たれる。あの巨体が芸を仕込まれ、ざっぱんざっぱん海に飛び込む姿に、感動を通り越して恋に似た気持ちすら抱いた。水族館に入って二分で皆とはぐれ（なんで？）、オタリア・イルカショーの前にようやく合流を果たしたヤマシタ（妹）には、「キミコちゃん、イルカショーの時、すっごく楽しそうだった。ずっと笑ってたね」と言われたが、もしトドショーの時の私を見ていたら、そのイルカどころではない喜び具合に腰をぬかしたに違いない。

なにしろトドはでかい。見ているだけで、心湧《こころわ》き立つくらいでかい。最初出てきた時は、馬かと思った。できることなら、トドに「海馬」という漢字を当てた人に会ってぜひその功績を讃《たた》え、共感を伝えたいとも思った。いや、ほんと、あれ絶対馬だよね。

海獣ショーを堪能《たんのう》した後は、館内に泳いでいるであろう魚を一匹も見ずに、そのまま水族館を出る。いいの。魚は別に好きじゃないから。

イナミ車とコパパーゲ車の二台で、いよいよ心のふるさと（ウニの時期限定）積丹《しゃこたん》へ。先導するイナミ号の熱い走りに圧倒されつつ、途中、仕事で不参加となってしまったオッカさんがくれたビール券などで、大量のアルコールを購入する。このツアーで私に課せられた唯一の任務は、

「あんた、どうせ何の役にも立たないんだからとにかくビール券！　オッカさんから預かったビール券だけ忘れず持って来て！」

　というものだったので、その大役を無事に果たしてほっとする。ほっとしたついでにビールも飲む。仕事を終えた後の酒は本当にうまい。

　それにしてもイナミさんの運転は、頼もしくも熱かった。後ろを走るコパパーゲ氏は、最初「車種が」「エンジンが」「タイヤが」などと彼女の車と自分の車を比較し、それが互いの運転に及ぼす影響などを冷静に分析していたが、やがて、「いや、違う。車は関係ない。あれはアニキだ。アニキの魂の走りなのだ」と看破《かんぱ》。ついには、

「俺はアニキの後ろを一生ついて行く！」

心なごむ風景

心のふるさと

王座は渡さん

と高らかなる宣言を行ない、皆の拍手と賛同を浴びた。そしてその言葉どおり、アニキの熱い走りに先導されて、無事に民宿に到着したのだった。

目の前に青く広がる日本海。待ち受ける温泉と酒。いやがうえにも盛り上がる食事はもちろん豪勢で、待望のウニ様も堂々登場。そのとろけるような味に、

「これぞっ！」

「これがっ！」

「これこそっ！」

などと感嘆の声があがっていたが、食事が後半にさしかかるあたりでどうにも風向きがおかしなことになってくる。

「もうウニはいいかなあ」

「あ、わかるわかる」

「お腹いっぱいだしなあ」

「私も私も」

「しばらくウニはいいなあ」

「そうそう」

「このアワビの方がうまいしなあ」

「確かに」

などと不敬発言を繰り返すけしからぬ輩《やから》と、それに同調する不届き者が現れはじめたのだ。

「な、なんだとっ！　ウニ様に向かってなんということをっ！」

いきり立ち、市民蜂起《ほうき》を呼びかける私。

「起ち上がれ！　ウニの民よ！　今こそ我らの力を見せつけるのだ！」

しかし、不敬を厳しく糾弾《きゅうだん》しようとする私への賛同者は、ヤマシタ（姉）とハマユウさんのわずか二人きりという衝撃の事実が私を襲う。なぜだ。なぜ皆ウニ様につらくあたる。一体、我らがウニ王国に何が起きたのだ？　虎視眈々《こしたんたん》と王者の座を狙《ねら》うアワビの画策か？　結局、海産物の権力争いは結着の着かぬまま夕食は終了、部屋での酒に移行する。

酒宴では恒例「今までの人生で一番つらかったこと」を尋ねるも、ユウさん以外は誰も答えてくれない。なんだよ、みんなもっと心を開けよ。そしてアニキを見習えよ。アニキは以前、「一番つらかったこと」を尋ねた時、下戸《げこ》で一滴も酒を飲んでいない身でありながら、隣りの店にまで聞こえそうな潑剌《はつらつ》とした声で若かりし頃の切ない恋の話を語ってくれたのだ。今から思えば、あの頃からアニキはアニキであったのだ。

二日目

八月二〇日（日）

朝五時半、晴れ女ユウさんがいよいよ本気を出したのか、暑さで目がさめる。仕方がないので、朝風呂、朝飯、朝ビールを一通りこなし、車で神威《かむい》岬へ。

天気は快晴。岬の先端に向かって二キロほど遊歩道を上り続ければ、空と海とがこの世のものとは思われない絶景を浮かび上がらせているらしいが、暑いし体力ないし疲れるのは嫌だし、「まあ我々は別に普通の絶景でいいよね」ということで意見がまとまる。そこで別方向の丘の遊歩道をのんびりと……と思っていたら、あなたこれが丘というよりちょっとした小山。歩くうちに息が上がり、汗が流れ、やがてどんどん無口になっていく。

そんななか、アニキとヤマシタ（姉）が息も絶え絶えに、

「そ、そうだ歌をうたおう！」

「何の歌？」

「三百六十五歩のマーチ」

「あれは進んだり下がったりするから余計疲れるよ」

「そ、そうか……じゃあ水戸黄門《みとこうもん》の歌」

「♪じーんせーい」

などという会話をかわしている。昔、あらゆる場所でどうしてオバチャンたちはあんなに元気なんだろうと不思議に思っていたが、今わかった。元気なわけじゃない。声ださないと死んじゃうんだ、疲れて。

普通の絶景

馬糞雲丹。漢字で書くとすごい

それでもなんとかたどり着いた丘の上から、普通の絶景を眺める。積丹ブルーと呼ばれる海の青が美しく、これが普通だというならもう本当に普通で十分だとしみじみ思う。普通が一番。今後も普通の人間として生きていきたい。

再び汗だくになりながら戻った駐車場では、目にも鮮やかな青い「積丹ブルーソフトクリーム」に挑戦しているハマユウさんを発見。「どう？　どう？」と前のめりで感想を求める我々に、実に落ち着いた口調で、「……なんというか、まあもし隣りに普通のアイスがあればそっちを食べればいいと思います」と述べた。含蓄《がんちく》ある言葉だと思う。

昼は、アニキ推薦の店でウニ丼。ウニ丼の選択肢は二つである。「ムラサキウニ二五〇〇円」と「エゾバフンウニ三五〇〇円」。一瞬迷ったものの、ここはウニツアーの名に恥じぬようバフンウニを注文してみる。するとあなた、これが旨《うま》いのなんのって。昨夜、「オレもう一生ウニ食わなくてもいいや。来年からはやっぱアワビにする」と言い出した不届き者コパパーゲ氏も、「本当はウニあんまり好きじゃないの」というヤマシタ（妹）もさすがに自らの過《あやま》ちを認め、ウニ様に改めて忠誠を誓うと同時に、涙ながらにおのれの暴言を反省……したかと思いきや、なぜか続々と聞こえる民の声。

「おいしいけど、もう来年までいらない」

「おいしいけど、あと二年くらいは食べなくてもいい」

「おいしいけど、今後五年は我慢できるかな」

な、なんということか。怒りと絶望に震えながらふと横を見ると、同志ヤマシタ（姉）がウニ丼の他にウニの刺身（ムラサキ）を注文し、淡々と食べている。見ろ。これでこそウニツアーだ。私はウニ云々《うんぬん》以前にお腹いっぱいでもう無理だが、気持ちはある。夜になってお腹がすいたらまた食べられる。なのに何だ！　君たちは！　それでもウニ戦士か！

この札に三連覇がかかっているのだ！

……って、まあ、戦士じゃないか。私もほんとは違うしな。というわけで、その戦士じゃない人々は、満腹のお腹を抱えつつ、「休憩所にテレビあり」という情報をもとに、古平《ふるびら》温泉へ風呂と高校野球決勝中継を求めて移動するのだった。

廃校になった校舎を改装した古平温泉。そのいかにも生徒昇降口という風情の玄関で、駒大苫小牧の三連覇を祈願して「3」番の下駄箱に靴を入れる。きっとみんな同じことを考えて、「3」は取り合いになるのではないかと思ったが、全然そんなことはない。それどころかヤマシタ（妹）にいたっては、「本当に三連覇の3なの？　偶然じゃないの？　ね、ホントは偶然だったんでしょ」ととんでもない疑いを口にする始末。

何を言っておる。というか、なぜこの大事な時に験《げん》をかつがん。日本人たるもの今ここで験をかつがずにいつかつぐ。かつげ。この勝利のために、力の限り今かつげ。夜、爪を切るな。服は着たまま繕《つくろ》うな。落ちてる櫛《くし》は拾うな。水に湯を足すな、湯に水を足せ。それでこそ日本人だ！　いや道産子だ！　よし！　三連覇だ！　一球たりとも見逃すな！　しまっていこう！　と鼻息も荒く温泉へ。いや、野球は野球として、とりあえず風呂に来たのだからまずは風呂に入らねばという考えだったのだが、湯に浸《つ》かっている間に、なんと試合が始まってしまっていた。言ってることとやってることが違う。

風呂あがり、大急ぎで向かった古平温泉の休憩室は、夏休みの日曜日だというのに地元民の姿がちらほら見えるだけである。エアコンはなく、窓が全開で、まわりの山から降るような蟬《せみ》の声が聞こえる。部屋の隅では扇風機が力なく首を振っている。テレビの中に一歩も譲らず投げ合う、マー君とハンカチ王子。そしてそれを眺《なが》めながら、ごろごろと人が寝転がっている。

　そんな気だるい雰囲気の中でビール飲んだりしていると、一瞬自分がどこにいるのかわからなくなる。見れば、ヤマシタ（姉妹）がジャージ姿でくつろいでいる。コパパーゲ氏は寝てるし、ハマユウさんは鯛《たい》焼き食べてる。なにこれ？　もしや家？　ここはみんなの家なの？　家なのかもしれないから、とりあえず窓辺に手ぬぐいなどを干してみると、ますます家っぽさが醸《かも》しだされて大変いい感じなのだった。

　それにしても試合が終わらない。

なぜ人は温泉で鯛焼きを食べるのか

ここは家なの？

みたらやったらくったら、どうなる

いい加減疲れたアニキが、となりの安眠室だか睡眠室だか永眠室だかで一眠りしてきた後も、まだ終わらない。ずーーっと倒れるように寝ていたコパパーゲ氏がむっくり起き上がっても終わらない。近くにいた家族連れの子供がすっかり飽きちゃって、でも親はテレビの前を動けなくて、「帰ろう」「退屈」と言い出す子供の口をふさぐためにジュースやらアイスやらをどんどん与えて、「そろそろお腹こわすんでないべか」と周りが全員不安になっても終わらない。道産子でもなんでもないのに付き合わされたユウさんは、大人なのでさすがに「帰ろう」「退屈」とは言わなかったが、とうとう寝ちゃったよ。そりゃ寝るよな。気の毒に。この人何しに北海道まで来たんだろう。でも終わらない。

午後一時から始まった試合が四時を過ぎたあたりで、ヤマシタ（妹）が、「お願い。私たちを札幌に帰して」と選手に懇願しはじめ、そのかいあってか、ようやく五時前に試合終了。でも延長十五回、引き分け。結局また一からやり直し。ものすごく長い足し算を延々続けていって最後の最後に0をかけたような気分で、呆然《ぼうぜん》と温泉を後にする。温泉の外に出ると、鱈《たら》が我々を見下ろしていた。

アニキとはここでお別れ。

「さよならアニキ。熱い走りをありがとう。気をつけて帰っておくれ。あとアシカとイタチは全然違うから！」

と、手を振る。さあ、これでウニと駒苫とビールにまみれた長い長い二日間が終わった……気がするが、いやいや実はまだ続く。札幌に戻って、ミナミさんを拾って、ジンギスカン。一体どれだけ遊べば気がすむか。

ジンギスカン屋では、このたびのツアーで明らかになった「ウニ至上主義派」と「ウニ懐疑派」の確執《かくしつ》を冷静に分析し、来年以降にいかすべく前向きな話し合いも行なわれた。「ウニ至上主義派」をAチーム（ヤマシタ姉・ハマユウ・キミコ）、「ウニ懐疑派」をBチーム（コパパーゲ氏・ヤマシタ妹・ユウ・アニキ）とし、Aチームは毎年、Bチームは二年に一度のツアー参加とするか、もしくはBチームは速《すみ》やかに「アワビ至上主義派」への転向を宣言し、来年以降はウニ・アワビ不可侵条約を結んだうえでツアーを続行するか、非常に活発な意見交換が行なわれたが、酔っ払いの常で結論はグダグダ。次回に持ち越された。

ちなみに、この店にもユウさんは例のスヌーピーを連れてきていたが、ヤツはさんざん煙にいぶされて、犬のくせにすっかり羊くさくなったであろうと思われる。あはははは。ざまーみ（略）。

新・ウニへの道

〈日程　二〇〇七年八月四日―五日〉

●いっしょに行った人

北海道から
ハマユウさん……北のスーパー幹事。30代女
ヤマシタ（姉）……看護師。40代女
ヤマシタ（妹）……証券会社勤務。40代女
〝アニキ〟イナミ…老人福祉施設勤務。40代女
もぐらさん……新聞社勤務。40代女
ミナミさん……主婦・歌人。40代女
コパパーゲ氏……編集者（寿郎社）。40代男
東北から
シマさん……自営業。40代女
東京から
ユウさん……OL。30代女
にごちゃん……江戸のスーパー幹事（イラストレーター）。30代女
ぴろちゃん……手拭い売り。30代女
イーヨさん……化学メーカー勤務。30代男
マユちゃん……元編集者（漫画関係）の派遣OL。30代女。えび君の妻
えび君……研究者。20代男。マユちゃんの夫
関西から
ダーマさん……主婦にして奥様。40代女

不参加だけど
みわっち……編集者（毎日新聞社）。40代女
Cちゃん……OL（泥酔界の最終兵器）。30代女

二〇〇七年八月四日（土）

「ちょっと台風配達しますねー」とか言いながら、雨風の気配とともに内地から八名の人々がやってくる。彼らを道産子八名が迎え撃ち、総勢一六名でトド見て酒呑《の》んでウニ食べてカニ買って、の旅に出掛けるという楽しい企画、第二回ウニツアー。

とりあえず私の最初の仕事としては、前日から札幌入りしていたダーマさんをホテルへ迎えに行き、地下鉄に乗って、集合場所へ案内すること。「それくらいは出来るよねー？」とスーパー幹事ハマユウさんが言うので、当たり前だバカにすんじゃねーぞいくら私が方向音痴《おんち》だからといって何十年この街に住んでると思ってんだオラオラ、と啖呵《たんか》切ってダーマさんと合流。したのはいいが、いやでも考えてみればアレだよねー、地元民はホテルなんか泊まらんからねー、詳しいことはわかんないよねー、えーと、ここどこ？　とホテルを出た途端に道に迷う。結局ダーマさんが「昨日、地下鉄乗ったから……」と駅まで案内してくれ、そのまま引率されてとぼとぼと集合場所へ。いつもどおりといえば、いつもどおりのスタート

どんより

である。

午前一〇時半過ぎ、三台の車に分乗して出発。

私が乗った「ウニ三号車」では、ヤマシタ（妹）ともぐらさんが、

「初対面だよね」

「いや初対面じゃないよ」

「××の宴会の時に会ったよ」

「会ってないよ」

「会ったよ」

「会ってないよ」

「会ったって。あの時一緒にヤマシタ（妹）の噂《うわさ》話したでしょ」

「……私が妹だよ！」

などというほのぼのとした会話をかわしていた。人のとんちんかんは実に心が和む。

そのヤマシタ（妹）は、昨年のウニツアーで「私、ウニあんまり好きじゃないか

も」という衝撃発言を繰り返していたが、今年は「私、ウニ嫌いなんだと思う」と内容がグレードアップ。そのかわり「山形では、芋煮《いもに》会の鍋に米沢《よねざわ》牛を入れる」というシマさんの何気ない話に、ものすごい勢いで食いついており、ウニより肉の人であることがはっきりした。ウニツアー、波乱の幕開けである。

その肉好きヤマシタ（妹）の運転で、今年もおたる水族館に到着。責任と自覚は持ち、しかし協調性を持ちあわせていない大人の集団である我々は、入館と同時に全員順路を無視して好き放題の自由行動をはじめる。私も魚はどうでもいいので、一目散に海獣コーナーへ。大好きなトドを存分に愛《め》でる。

いいなあ、トド。トドというのは（特にオス）、でかくて辛気《しんき》臭くて湿っぽくて、写真に撮るとつい「うわーめんこくねー」と言ってしまう動物だが、どうにも

どうすんだよ、これ……（みんなからの土産）

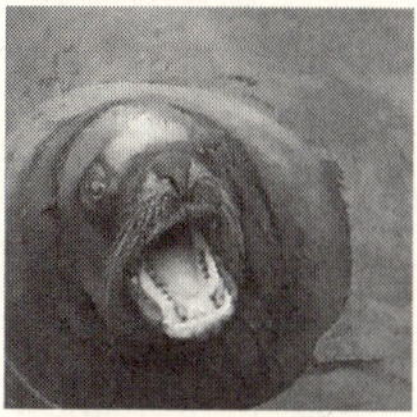
なんといってもトド

セイウチにも心ひかれる

心を捉《とら》えて離さない。ショーまで見て満足。

そんな自由行動の間も、スーパー幹事のハマユウさんだけは、常にあたりを見渡し、「あ、××さんがいない」「あ、いた」「と思ったら、今度は○○さんがいない」と、赤子を見守る母親のように心を配っている。大変だなあと思いながら、私には関係ないのでビール片手に館内を無秩序に動き回る。時々、知った顔とすれ違い、そのたび「もう飲んでる」と指さされるのが趣《おもむき》深かった。ただし、ヤマシタ（妹）だけは、「キミちゃん、運転交代する気全然ないでしょ！」と一瞬で看破《かんぱ》。ど、どうもすみません。

水族館を出た後は、鰊御殿《にしんごてん》へ。そこで仕事を終えたヤマシタ（姉）と合流し、全員揃《そろ》ったところでお昼ごはんである。小樽といえば鰊であるから、ここはもちろん鰊蕎麦《そば》を張り切って味わう。とりわけ四時起きで東京からやってきた青年イーヨさんは、本日一食目の食事ということもあって大感激し、

「旨《うま》い！　こんなに旨い蕎麦は初めて！　どうしてこんなに旨いんだ！」

と涙ぐまんばかりの様子だったが、やがてお腹がふくれるにつれ、

「空腹が味を三割くらいアップさせてたかもしれない」

「本当は普通の蕎麦かもしれない」

「案外ジャンキーな味がするかもしれない」

と発言が変化、最後は同じくお腹がいっぱいで冷静になったヤマシタ（妹）の、

「ていうか、これ、めんつゆの味じゃない？」

という爆弾発言に大きくうなずいていて、ひどいのだった。こんな客イヤ。

さらに、その横ではアニキが、「注目を浴びたい時は小声で話せ」というセオリーどおり、水族館で目撃した「ネズミイルカの生殖器」について囁《ささや》くような小声で語り始め、周囲の人々の耳目を集めることに成功していた。

「いや、だから丸出しなんだって。しかもバカみたいに長いんだって」

私は海獣にしか興味がないので見逃したが、どうやら我々の常識を打ち破るような生殖器をネズミイルカはお持ちらしい。一言で説明するなら、「機能的には出し入れ自由・収納可・なのに常に丸出し」。

あまりの威勢のいい丸出しっぷりに、それを最初に見つけたにごちゃんは、駆け出して近くにいた仲間たちに急を知らせ、知らされた人々は慌てて水槽に張り付き、なかでもユウさんは実に熱心に張り付いていたかと思うと、「もう！　ガラスが曇ってよく見えないんだって！」と突如怒りだしたという。彼女はキャラクターもの嫌いの私への嫌がらせのためだけに、スヌーピーのぬいぐるみを抱いて飛行機

から降りてくるような人ではあるが、基本的にはいつも穏やかで物静か。その彼女を怒らせるネズミイルカの生殖器の実力に、我々は改めて戦慄《せんりつ》したのであった。ちなみに未だ興奮さめやらぬにごちゃんは、持てる画力を存分に発揮して絵まで描いてくれた。素晴らしい出来は出来として、本当にこんな客イヤ。

途中、大量の酒を購入し、それらを巨大クーラーボックスに詰め込んで、いよいよ心のふるさと積丹へ。宿では、「か、棺桶《かんおけ》……じゃないよね？」と思わず確認したくなるほどのボックスにぎゅうぎゅう詰められた酒を前に、「こんなにたくさん買って大丈夫？」とつぶやく下戸《げこ》の皆様。その傍《かたわ》らで、「足りるかなあ……まあいざとなったら自動販売機もあるし……」と自分に言い聞かせて心落ち着かせる酒飲みの皆様。ああ、この世のなんと複雑かつ不確かで矛盾に満ちていることか。そしてなんとビールのうまいことか。多いの少ないの言ってる人々の間をすり抜けて、夕食前のひと飲みで、心と喉を潤《うるお》す。

この時、何の拍子か、もぐらさんが十二支を覚えていないことが発覚。さらには「だって学校で教えてくれなかったよね？」という詰め込み教育世代を代表するような発言まで飛び出し、その場を騒然とさせる。

「いや、学校関係ないし」

「え？　じゃあ皆どこで覚えたの？」

「どこっていうか、と、とにかく、ちょっと言ってみ？」

「えーと……ね・うし・とら・う……あと何だ？　とり？」

　しどろもどろの彼女を前に、私の脳裏には幾人もの顔が浮かんでは消える。仕事関係者として知り合ったもぐらさん。その彼女が今まで「あいつはいかん」「困り者だ」「何より常識を知らん」「当たり前のことがわかっとらんのだ」と糾弾していた人々の顔だ。ああ、きっと彼らは十二支を言えるのに。スラスラ言えるのに。なのに、常識知らず呼ばわりされていたのだ。「うまの次は……とら？」とか言ってる人間に。まったくもって世の中は複雑かつ不確かで矛盾に満ちている。

ムラサキウニ

ありがとう黒猫！

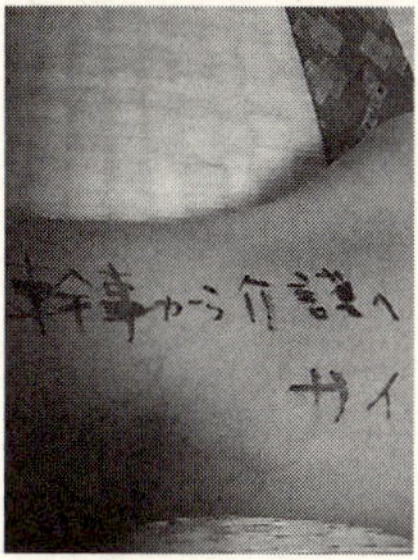

青年の脚

夕食という名の宴会では、東京から「大急ぎ便（正式名称は忘れた）」で届いたシャンパンで乾杯。これは、前日の夕方、毎日新聞のみわっちが突然、

「今から宿に送れば間に合います！　住所を！」

とか言い出し、「いやあ無理じゃないかなあ。札幌ならまだしも、なにしろ積丹だし。もう夕方だし」という私の声を振り切って、わざわざ送ってくれたものである。

積丹へ向かう「ウニ三号車」の車内でも、「我々が帰った後に届くんじゃね？」「誰もいないテーブルに陰膳《かげぜん》みたいにポツリと置かれるんじゃね？」などという意見が大半だったが、本当に間に合っていた。すごい。感激した我々は、

「さすが黒猫」

「鳥だとこうはいかんのではないか」

「飛脚も無理かも」

「カンガルーも」

「ていうか、知らんけどな」

「でも、とにかくすばらしい」

「ありがとう、猫！」

「猫に乾杯！」

などと、口々に黒猫に賞賛と感謝を述べつつ飲み干した。今から思えば、もっとみわっちにも感謝を捧《ささ》げるべきだったたと思う。

夕食後は、例によって部屋で激しく宴会。激しく飲酒しながら、ヤマシタ（姉）の誕生日を祝って、激しくケーキを食べる一団も出現。いつも心の底から驚くが、どうして酒を飲みながら甘い物を食えるのか。なんかこう、甘くはないのか。いや、甘いんだろうけど、なんというかさらに甘くはないのか。

ていうかさ、そんな甘いもの食べてる暇があるなら、ちょっとそこの若者よ、私にマッサージでもしてくれんかね。とためしに言ってみたところ、青年イーヨさんと青年えび君が快く引き受けてくれる。何の気なしに命令してみただけなのに、まさか本当に肩を揉《も》んでくれるとは。いや、人間、威張ってみるもんだ、よしよし、もうちょっとそこを強くだね、などといい気になっていると、いきなり二人に押さえ込まれ、足にマジックでなにやらいたずら書き。

ぎゃあああ！　太いのに！　太い脚だのに！　やめてえええ！

と、うろたえる私などお構いなしの狼藉《ろうぜき》である。ほんとに油断も隙《すき》もあったもんじゃない。

しかし、私の一方的敗北に見えたこの闘いもえび君が私の右足の甲に「左」、左足に「右」と、左右を間違えて書き込んでいたことが判明、偉そうにしているが、実はまだ右も左もわからんような小僧であることが発覚した。あははは、あのねボクちゃん、お箸《はし》を持つ方が右ですよーと、一気に形勢逆転。まったく人の嫌がることをするからそういう目にあうのだ。いや、もしかすると案外本当のあほうなのかもしれん。

その後は青年イーヨさんの手品に、「なんじゃそりゃ！　あんたは魔法使いか！　違うなら種明かしをせい！」とキレてみたり、さらに「うふふん、くすぐったいん、やめてん」と少女のようにクネクネする彼の脚にスーパー幹事ハマユウさんへ贈る言葉（幹事から介護へ）を書いたり、真っ赤な顔で眠ってしまったマユちゃんの首・腕・脚・胸・腹などをこっそり覗《のぞ》き、「全部まんべんなく赤い……」と一人感心してみたり、なんかもうどれだけ酒飲んだかわかんなくなって、ハマユウさんに、

「私、まだビール飲んでも大丈夫？　具合悪くならない？」

と尋ねたりしていた。ハマユウさんはもちろん「知らないっすよ！」などと冷た

いことは言わず、「キミコさんは水族館で×本飲んで、夕食前に×本飲んで、夕食で×本飲んで、その後で×本飲んでるから、まだ大丈夫なはずです」と淀《よど》みなく答えてくれ、いやもうまさに「幹事から介護へ」の出世階段を順調に上りつつあるのだった。

　隣りの安眠部屋に次々と人が消えていった深夜、宴会部屋にも布団を敷き詰め、残った人々もようやく就寝。と思いきや、ここから始まるのが、恒例「人生で一番つらかった事ってなに？」の時間である。

　いやもう、私が宴会でこれを訊き始めた当初はまともに答えてくれる人もなく、たまにいたかと思えばシャレにならんような深刻な話で、しんとした空気の中、同席した人々から「あ、あんたがそんなこと訊くから！　この雰囲気をどうしてくれる！」などと叱られたりしていたものであった。

「つらかった事」だから躊躇《ちゅうちょ》するのかもしれん、と反省し、「人生で一番恥ずかしかった事」へと方針転換してみたこともあったが、それだって一瞬のためらいもなく「野×ソです！」と答えてくれたマユちゃん以外は、なかなか心を開いてくれない。これは私の修行が足らんのじゃと、滝に打たれ、断食し、心身を清めて精進したかいがあって、最近ようやくいい感じの香ばしい話が集まるようになったのだ。

だが、香ばしければ香ばしいほど物悲しいような空恐ろしいような気持ちになるのも、人の心の真実であって、で、何が言いたいのかというと、今回、人妻ダーマがですね、「つらかった事」と「恥ずかしかった事」の両方をきっちり準備し、さらには我々のどのような質問も逃げずに受けてたち、正面から堂々と人生および結婚生活の深淵《しんえん》を覗かせてくれたことは、我が宴会史に残る快挙であったのではないかと。それにしても、夫婦って怖いなと。マジでそ、そ、そんなことになってんすか？　と。でもダーマ夫婦の将来のために詳細は言えないですよと。まあ、そのような感じ。三時頃（おそらく）、本当に就寝。

二日目

八月五日（日）

六時五〇分起床。

前夜、人生の深淵を覗いた人々の屍《しかばね》を乗り越えて、朝風呂を楽しむ。浴場には親子連れの先客があり、さすが健全な皆様は朝が早いと感心していると、その小学校低学年くらいの女の子が、なぜかじっと私を見続けるではないですか。私の腹を見て、それからチラリと顔を見て、さらには脚を見て、再びチラリと顔を見て、おまけに足元を見て、みたびチラリと顔を見る。なかなか消えない去年の手術痕《こん》が腹を縦に走っており、以来、風呂では子供を中心にわりと凝視されるのだが、それにしても今日はずいぶん見られるわね、もしや一夜で絶世の美女になったのかしら。それとも純真な子供には飲んだくれのおばちゃんの皮を被《かぶ》った私の美しい本性が見えるのかしら。それがあまりにキラキラ輝いていて目が離せないのかしら。ふふふ、あなたも大人になって毎晩お酒を飲むと、飲んだくれの皮を被った私のような人間に成長できますよ、とご機嫌で入浴を済ませる。

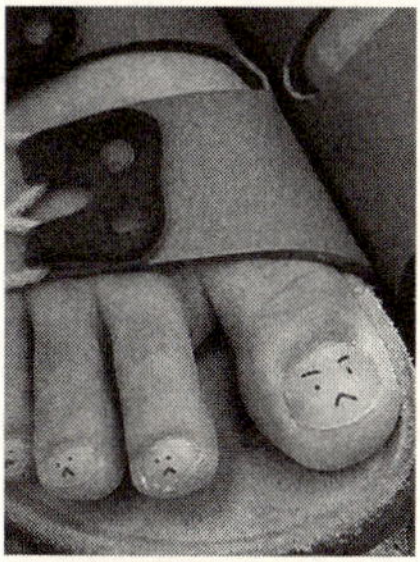

どうもにご指です

ご機嫌のまま部屋へ戻った後でようやく、昨夜、狼藉者に描かれた「トトロ」と「きちー」の絵が両ふくらはぎに、左右逆の「右」「左」の文字が足の甲にあることを思い出して、愕然《がくぜん》とする。大急ぎで風呂場に戻り、あの子をつかまえて、

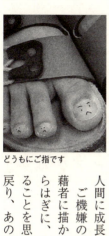

「この左右を間違えたのは私じゃないから！　えび君だから！　あのね、ヤツ、案外あほうなの！　あと本当は私きちー嫌いなの！」

と弁解したかったが、時すでに遅し。私は見知らぬ少女の胸に、「腹に傷があって、脚に絵があって、右も左もわからんオバチャン。そんできちーとトトロ好き」として記憶されたのだった。

朝食後は、約三時間に及ぶ自由時間。早めに出発していろいろ観光するとか、海辺を散歩するとか、思い切って寒中水泳（という感じの気温であった）するとか、そういう前向きなことは誰一人として考えつかず、布団を敷き詰めたままの宴会部屋で、無心にゴロゴロする。

その姿を見たアニキがしきりに「なんだか旅行じゃなくて、合宿みたい」と口にするが、こんなにダラダラした合宿はこの世にないだろう。いやまあ、こんなにダラダラした旅行もないが。なにしろ一五人のうち、身体を起こしている人がほとんどいない。いたと思ったら、迎え酒飲んでる。飲み終わったら、また横になる。

もちろん私も飲んだ。朝からミナミさんに、「どうしてそんなに元気なの？」と言われていた私であるが、答えは「前夜の酒でまだ酔っ払ってるから」。でもやがて酔いはさめ、するとテンションは大変低くなるので、それを防ぐにはあらかじめ飲んでおかねばならぬのだ。私なりの気配りと思っていただいてかまわない。酔っ払いも大変なのだ。

そのミナミさんは、布団の上でしきりに柔軟体操を行なっていた。異様な関節の柔らかさを惜しげもなく披露して、身体があり得ない形になっている。思わず「リカちゃん人形みたい！　リカちゃん人形の手足を入れ替えた時みたい！」と喜ぶ私に、しかし本人はなんとなく不満顔。どうやら褒《ほ》め言葉ではなかったらしい。手足や首をもがれそうでヒヤヒヤするのだろうか。別にもいだりしないのに。

ちなみに私は身体は異様にかたいが、体脂肪は異様に多いので、いろんな人が「ちょっと触らせて」とあちこちつまんでいった。そして皆が「ああ……」とつぶやくところをみると、やはりそれなりに納得する触り心地なのだろう。ぴろちゃんに至っては、私の足の裏に触れ、

「うわあキミコちゃん！　こんなところまでつまめるよ！　柔らかいよ！　やっぱり脂肪だよ！　脂肪がきっといっぱいなんだよ！」

とニコニコ叫んでいた。かわいらしい口調でごまかされるが、案外ひどいこと言ってる。

長い自由時間にも飽きたところで、ぞろぞろと神威《かむい》岬へ。去年、「二キロ先の岬の突端《とったん》まで行ってこの世のものとは思われない絶景を見るよりは、手近な丘を上って普通の絶景を見る人生を送りたい。目の前にある小さな幸せをそっと味わう人生を」と心に決めた私は、やる気あふれる突端遠征組をそっと見送る。待ち時間でちょっとビールなども呑んでみる。数十分後、汗まみれで帰ってきた突端組によると、「岬の向こうには夢と希望が見えた」ということらしいが、でも見えるだけで手にとれるわけじゃないらしいので、やっぱり行かなくてよかったと思う。だいたい青空の下、ぼんやりビールを呑んでいるだけでも、様々なものが見えるものなのだ。他人の白い目とか。

昼はエゾバフンウニ丼。まあ、これについては言葉はいらない。黙って食えばいいのだ。今回は、ムラサキウニの刺身もつけてみました。うひひひひ。

見知らぬ男子が運転する車を、仲間の「ウニ一号車」だと思いこみ、車線変更を伝えるべく、パッシングするわクラクション鳴らすわ後つけるわで、思い切りビビらせてしまった後（横に並んだ時、運転手の男子がものすごい怯《おび》えた顔をしていた）、皆でお買い物。

内地組、とりわけシマさんがズラリと並ぶ海産物に、「カニ大人買いした！　ここからここまでくれって感じでバーンと大人買い！　しかもニコニコ現金払い！」と大興奮、「実家にも送った。でも明後日《あさって》には実家に帰るから、送るのはオレ、それを実家で受け取るのもオレ、食べるのもオレ、ぜーんぶオレ！　天才！」と、脳に分泌《ぶんぴつ》されるカニ汁の威力をまざまざと見せつけている横で、道産子組が「安かったからキュウリ買った」「私は肉。それから、しめじ」とか言ってるのは、どうかと思った。君らも少しは汁だしていこうぜ。

というわけで、最後はジンギスカンでシメて、第二回ウニツアーもそろそろ終了。札幌に戻る途中で、今回無念の不参加だったCちゃんから、「ねえねえ、私がいなくて寂しかった?」という思春期メールがきたので、ウニの写真をばんばん送りつけてやったら、「く、悔《くや》しくなんかないからね！」という返事がきた。悔しくないなら、なによりだと思う。

漢字で書くと食べ物には見えない蝦夷馬糞雲丹

馬糞と紫

ウニツアーというよりウニ合宿

〈日程　二〇〇八年八月二三日―二四日〉

●いっしょに行った人

北海道から
ハマユウさん……北のスーパー幹事。30代女
ヤマシタ（姉）……看護師。40代女
ヤマシタ（妹）……証券会社勤務。40代女
〝アニキ〟イナミ…老人福祉施設勤務。40代女
もぐらさん………新聞社勤務。40代女
Y嬢………………書店員。20代女
シンさん…………地方公務員。30代男
コパパーゲ氏……編集者（寿郎社）。40代男

東北から
シマさん…………自営業。40代女

東京から
ユウさん…………OL。30代女
にごちゃん………江戸のスーパー幹事（イラストレーター）。30代女

二〇〇八年八月二三日（土）

今年もやってまいりました、心の故郷（夏限定）積丹《しやこたん》へのウニツアー。「あーウニ食いてえ！　誰か誘ってさー、ウニ食べに行こうぜウニ！」と軽い気持ちで発言

した遠いあの日（何年前だ？）のことを思い出し、「スーパー幹事であるハマユウさんに向かって口にした希望は、事の大小にかかわらず、あますところなく現実化する」ということをしみじみ実感する季節の到来である。

今年は内地組も含めて総勢一二名の参加者が、ウニを目指して八月とは思えないクソ寒い北の大地に集合。どれくらい寒いかというと、皆が長袖を着込む中、「だってまだ夏だから！」と一人半袖で気を吐いていた自称ファッションリーダーのY嬢（本日のポイントは四角い襟元《えりもと》）が、「すみません。ファッションリーダーであるならば、むしろ秋を先取りすべきでした」と早々と敗北宣言をするほどの寒さ。「内地の人も長袖だもね、私一人ではんかくさい（北海道弁で「ばかみたい」の意）もね」と過《あやま》ちを素直に認めつつ震える姿は、後半「おっさんパンダ」の異名をとる人とは思えないほど可憐《かれん》なのであった。

午前一一時過ぎに札幌を出発。仕事の都合で現地集合のヤマシタ（姉妹）を除いた一〇名が、二台の車に分乗する。私はアニキ号へ。かつてこのウニツアーでの攻めの走りをもって「アニキ」の称号を手にした彼女は、今年は後ろを走るコパーゲ号の指示により、抑えの走り。が、車内では、「ゆっくり走るとさー、眠くなるんだよねー」「あ、抜かされた。しかもおっさん。チッ」などという過激な発言を

くさく倒面うも、かと男「、しなこ着くなげりさもどな服和はんだふ。す返り繰

いいよね」と枯淡《こたん》の境地にあるかのような彼女の魂は、しか

し未だ熱く燃えているのだ。ヘタにさわると火傷《やけど》するぜ。

昼食は某海鮮市場の二階で、魚も肉も焼き放題の豪華バイキング。しかし、目的

はここのカニでも肉でも貝でも魚でも鮨《すし》でもない、あくまで今夜から明日にかけて

のウニなのだ！という自覚をもつ我々は実に控え目に食事を終える。

と言いたいところだが、生まれてから二十数年「一度も満腹になったことはな

い。常に八分目。どんなに食べてもまだ食べられる。とくに肉」と豪語するY嬢

と、「ウニに備えて今週はずっと粗食だった。夕食はスイカのみの日もあった。そ

れだけ私はこのウニツアーに賭《か》けているのだ。おかげで今はお腹ペコペコだ」と主

張していたもぐらさんの二名は、嬉々《きき》として大量の肉を食す。Y嬢はともかく、誰

かもぐらさんに「これはまだウニではないよ」と指摘する者はいなかったのか。

いなかったのだ。数十分後、もぐらさんが満腹の腹を抱えて、「なぜ私はこんな

に肉を……」と我に返る姿を、

「いやー変だと思ったんだよねー」

「あんなにウニウニ言ってたのにさー」

「でもまあ本人がいいならいいかと思ってさー」

「なんなら夕飯のウニ、代わりに食べてあげてもいいしさー」

と口々に言いつつ眺《なが》める面々に、ウニツアーの厳しい掟《おきて》を見る。


午後四時、宿に到着。別働隊のヤマシタ姉妹とも合流を果たし、無事の再会を喜んだのもつかの間、アニキがすかさず二人に駆け寄り、「ねえ、お昼どこで食べた？　小樽《おたる》？　小樽で何食べた？　お昼何食べたの？」と詰問していたのが印象的であった。なぜそんなに気になるか、バイキングでは物足りなかったか。

天気はイマイチ

宿は民宿の離れの一軒家。古い民家を改築した海辺のその建物を見上げながら、

「前に来た時より少し古びちゃったねえ」

と以前一度だけ一緒に泊まったシマさんが言う。

「そうだねえ」

「あれからキミコはここ泊まった？」

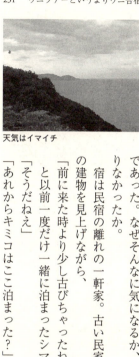

「泊まったよ」

「で、その時どうだった？」

「どうだったかなあ。そんなに見た目変わってないとは思うけど。一緒に来た時はまだツアー化してなかったよね。何年前だっけ」

「……五年前だけど」

「そうかあ。もうそんなになるんだ。五年前かあ、懐かしいなあ」

「いや、だからさ……」

「しかし時の流れは早いよね。あの時って他に誰が」

「いや、だから！　五年前に一緒に来た時とその後キミコが来た時と、夕食のウニの盛りはどうだったかということを訊《き》きたいの！」

「…………あ、え、えーと、それほど変化はなかったかと思います」

「そう、それだけわかればいいの」

ウニのことだけを考え、ウニ中心にすべてが回る。思い出話はその後で。ここにもウニツアーの厳しい掟があるのだった。

温泉でうっかりイナミさんに「アニキー」と呼びかけ、周りにいた裸の女性たちをぎょっとした表情で一斉に振り向かせるなどした後に夕食。念願のウニをはじめ、次から次へと現れる海の幸に一同ちょっと我を忘れる。

なかでもヤマシタ（妹）は、続々登場する料理すべてに「うわあ、これ、なんて料理だろう」「すっごくおいしい！」「盛り付けも素敵！」と感激し、感激しながら半分ほど食べたところではっと我に返って「あ、写真に撮ればよかった。夢中になり過ぎて忘れてた」と後悔し、しかし次の料理でまた「うわあ（略）」「すっごく（略）」「盛り付け（略）」を経て、「あ、夢中に（略）」ということを延々繰り返していて、まるで終わらない悪夢のようであった。早く目が覚めて写真が撮れますように、と他人事《ひとごと》ながらそっと祈る私。そして私の横ではもぐらさんが、「悔しい……昼の肉が……全然ウニが入らない……」と、ヤマシタ（妹）とはまた別の悪夢の中にいるのであった。

夕食を終えると、そのまま以下のような部屋宴会に突入した。

・飲む。
・寝る。

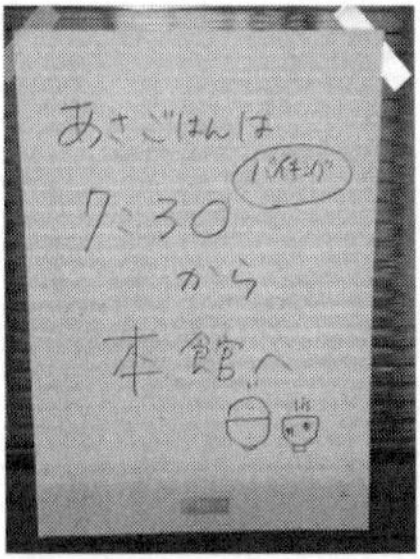

合宿所貼紙

・食べる。特にもぐらさん、昼の肉を食べ過ぎて夕飯ギブアップしときながら「なんかちょっと寝たら復活した」とか言って、いきなり菓子食いだすとはどういう了見《りようけん》だ。

・ヤマシタ（姉）が講演会で聞いたという新説「人は食べるから太るのではない。太っているから食べるのだ」に衝撃が走る。

・理屈はわからないが、とりあえず偉い先生の説であるからして、「仕方ないんだって！　太ってるから食べるんだって！」と言いながらまた食べる。

・食べ飽きたところで、ウニツアー初参加である、貴重な新人男子シンさんの過去を根ほり葉ほり訊く。

・その名も「新人査問《さもん》委員会」。

・合言葉は「怖くないから。正直に話せばすぐに終わるから」。

・年上のおばちゃんたちに囲まれて、

「今までで一番つらかったことは何？」

「今までで一番長くつきあった女性は？」

「それはどれくらいの期間？」

「いつからいつまで？」

「何で別れたの？」

「ほほう、そうきたか」

「じゃあ一番短かったのは？」

「彼女とのなれそめは？」

「なんだよ、そのありがちな話」

「つまらん！　おまえの恋バナはつまらん！」

「他人に罵倒《ばとう》されたことはある？」

「いや、今じゃなくて」

「今までで一番心に刺さった別れの言葉は？」

「……なるほど、相手の気持ちもわからんでもない」

「確かにあんたはそういうヤツだよ」

「まあ数回しか会ったことないけど」

「初めての給料は何に遣った？」

「年上と年下どっちが好き？」

「ていうか、どうなのよ愛は！」

などの怒濤《どとう》の質問すべてに、正座したまま礼儀正しく答えるシンさんは正気なのか。
・むしろ我々が正気なのか。
・途中、「餌食《えじき》」という言葉が何度も頭に浮かび、これがきっかけで真面目な青年シンさんが深刻な女性不信に陥ったらどうしよう……と心配になるも、いやしかし、このケモノのようなおばちゃんたちの中に、もし一筋の光を見つけることさえできれば、どんな女性ともうまくやっていけるのではないか、と考え直す。そうなれば、結果的に我々は一人の青年を救うことになるのだ。
・という騒ぎを、ほとんど無言でにこにこ見つめるだけの内地組ユウさん。
・まあ、実際こういう優しい女もいるから青年よ、力を落とすな。
・ところでこの離れのトイレは暗くて怖くて「絶対何かでる」という雰囲気なので、いい歳して一人で行けないのはだーれ？
・私。
・そこで顔を洗いに行くという優しいユウさんの後について、何気なくトイレへ。彼女が洗面所で顔を洗っている間に奥のトイレで素早く用をすませ、再び後について部屋へ戻ろうとすると、くるりと振り向いた彼女がにやりと笑って言うには、「閉じ込めてやる……」。

・青年よ、やっぱり女に夢を見るな。

深夜二時過ぎ、でろでろに酔っぱらって就寝。布団に入ると、どこからかハマユウさんに質問が飛ぶ。

「そういえば、ハマユウさんは一番最近男の人とつきあったのっていつ？」

「内緒です！」

青年よ、この手もあったよ。

二日目

八月二四日（日）

部屋の隅《すみ》で夜中に何やら不測の事態が発生していたようで、朝、目が覚めると畳の上にY嬢がダンゴ虫のように転がっている。

「夜中に……夜中にコパパーゲ氏がものすごいスピードで回転してきて……そして

おらの布団を奪い取っただよ……恐ろしかっただよ……うわっと思った時はおらは畳の上に放り出されていただよ……」

事情を尋ねる我々に向かって、まるで宇宙人にさらわれたアメリカ人農夫のようなことを口走るY嬢。確かに彼女の布団は、となりに寝ていたはずのコパパーゲ氏が悠々《ゆうゆう》と占領している。その姿を、恐怖と寝不足で赤く濁《にご》った目でしばらく見つめていたY嬢であったが、やがて、

「コパパーゲ氏の寝相。それは悪いのではなく速い」

という名言を残して再びの眠りにおちたのであった。

そのY嬢と、自らの招いた事態も知らずにサナギのように眠るコパパーゲ氏、そして「朝は食べない！」と宣言していたもぐらさんを残し、朝食へ。バイキングとはいえ、非常に充実した料理内容に感激しつつ、もりもりと食す。

なかでもヤマシタ（妹）は、「おいしいよねえ」「本当においしいよねえ」「ちょっとおかわりしちゃおうかな」「これもすっごくおいしい」と絶賛しては、「あ、夢中になり過ぎてまた写真撮るの忘れた」ということを延々繰り返しており、前夜から続く悪夢より未だ目覚めていないようなのだった。早く彼女が現実に戻れますように、と再び祈る。あと「昼に肉食べ過ぎて夕飯のウニが食べられない、夕飯のウ

ニが食べられなかったから夜中にお菓子食べる、夜中にお菓子食べたから朝食海鮮食べられない」と欲望のままに生き、結果として目当てのものを全《すべ》てとりこぼすこととなったもぐらさんが、早く正気に戻りますように。

また、この朝食の席では、唯一の人妻にごちゃんが、「北海道では部活動（酒部・下戸《げこ》部・デ部）の活動が大変活発であることに衝撃を受けた。かくなるうえは私も東京に帰り、新しい部を創設してみなさんの入部をお待ちしたい。ついては既婚部などはどうだろう」と提案して、ずらりと居並ぶ独身男女に「ケンカ売ってんのかオラ」と凄《すご》まれるという微笑《ほほえ》ましいシーンも見られた。北と東との心温まる交流である。

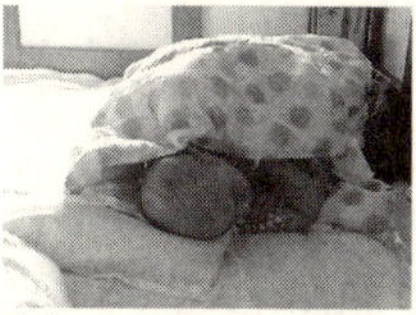
寝姿

人はなぜ頭に手拭いを巻くのか

朝食を終えて合宿所へ戻ると、そこはまだまだ布団の海。

気だるい雰囲気が漂う部屋に寝転がりながら、「だからコパパーゲ氏のスピードは半端じゃないんですよ、あーもう身体痛《いて》てえわ」と始終ムッとした表情でばりばり菓子を食う人（Y嬢）、自分の鞄《かばん》を背負いながら、しきりに「荷物がない、荷物がない」と捜し回る姿が、ウケを狙《ねら》ったものなのか本気の老いなのか判断できずに周りを不安にさせる人（もぐらさん）、「ねえ、俺のズボン知らない？ 袋に入って、あの、ズボン、あの、青いやつ」と尋ねただけなのに、「知らんわ」「昨日、風呂に忘れたんじゃない？」「そうだそうだ、風呂だ風呂」「ないない、ここにはない」「だって見てないもん」「ああ！ それ違うって！ 触らないで！ 私の荷物だから！」「もういっそパンツで帰れば？」「もしくは丸出しで」「うひひ」などと散々に言われたあげく、見つけた瞬間には「あーもう！ 最初からちゃんと捜してよねー！ ったく人騒がせな！」と全員から怒られている人（コパパーゲ氏）などを眺めるともなく眺める。するといつしか脳裏《のうり》に、「生きてそして死にゆく我ら」という言葉が浮かんできた。理由はよくわからない。

午前一〇時。合宿所出発。昼食のウニ様へのお目通りを前に、身体を清めるべく温泉へ向かう。ものすごく塩辛《しおから》い湯なのに、傷口にしみないという温泉マジックを体験し、いやもうやっぱすげーな温泉と浮かれていたら、あやうく寝風呂で溺《おぼ》れそうになったことは一生の秘密にしておきたい。今ここで死んだら湯灌《ゆかん》はしなくていいのか？ などと思いつつ、二日間のウニ合宿で唯一の真顔を密《ひそ》かに見せてみる。

そして、風呂後はいよいよウニ丼。昨夜のウニはムラサキウニだったが、今日こそは堂々のエゾバフンウニ。音の響きは悪いが味はいい。そう、このバフンのために一年間、つらい仕事も嫁姑《よめしゅうとめ》の確執《かくしつ》もじっと辛抱し、雨の日も風の日もひたすら畑を耕し、憧れだったイギリス留学も涙をのんでとりやめ、ただただ真《ま》っ直《す》ぐに生きてきた私である。さあ、いざバフンと勢い込んだところで、なんと「バフンウニは三人前しかありません」っていやあああ私の一年間を返してーーーー！　と取り乱しそうになった私より一瞬早く、目の前でヤマシタ（姉）が、

「えええええ！　バフンウニないんですかあああああ！」

と本気の絶叫。

それを見て急に冷静になり、「叫ばなくてよかった、こりゃ相当恥ずかしいわ」と思ったことも一生の秘密にしておきたい。結局、バフンは内地組のみなさんに堪能《たんのう》していただき、我々道産子はムラサキウニを食す。ムラサキだってもちろん美味《おい》しい。ビールも飲んで、死ぬほど腹いっぱいとなり、もう三日はご飯食べなくてもいいね、と思っていた私にコパパーゲ氏が言うには、

ムラサキだもの

「そうだ、ジンギスカン食べに行こうか」

って、ええええっ？　肉？　今から肉？

「せっかく内地からみんなが来てるんだからさ」

いや、せっかく内地からみんなが来てるから、今、たった今、ウニ丼食べたではないですか！　見てよ、目の前に広がるこの大海原《おおうなばら》！　羊なんていないでしょ！　草原ないでしょ！　我々、ウニ食べにここまで来たんでしょうがっ！

しかし私の抵抗も虚《むな》しく、話はジンギスカンへ向けてどんどん進む。多数決という名の圧力に負けて渋々従うことにしたものの、私の乗ったアニキ号（アニキ・ハマユウさん・シマさん・私）では、目的地に近づくにつれやはり健康不安説がささやかれはじめた。

「いくらなんでもお腹いっぱい過ぎない？」

「ちょっとこの状態で肉は無理だよね」

「ここで肉にいったら死ぬ気がする」

「みんな本当はコパーゲ氏に気を使ってるだけなんじゃない？」

「じゃあちょっと本音を探ってみましょうか」

そこで、ハマユウさんがコパパーゲ号のY嬢に電話。

「ねえ、ほんとに今からジンギスカン食べられる？」

「ええ？　何言ってんすか！　大丈夫っすよ！　肉なんて見ればなんぼでも食べたくなるもんなんですよ！」

うむ、明らかな人選ミス。よりによってなぜY嬢に訊いた。あの人はついこの間まで「胃もたれ」と「空腹」の区別がつかなくて、「どんだけ満腹で寝ても朝にはおなかがすいてて、変だなあと思いながら、お菓子とかカレーパンとかばんばん寝起きに食ってたんだよね。でもあれ胃もたれだったんだよね」とか言ってた人間なんだぞ。そいつに訊いてどうする。もっとこう普通の人に聞け。普通の人に。

そこで今度は私が、同じコパパーゲ号のユウさんに電話をかけてみる。常識的で物静かな彼女ならば、きっと我々と同じ思いを抱いているに違いないのだ。

下戸部撃沈

「ねえユウさん、今からジンギスカンいける？　無理だよね？」
「うーん……お腹はいっぱいだけど、横でY嬢が、肉というのは見たら食べたくなるもんだって言ってるから大丈夫かも」
うむ、明らかな車選ミス。言い出しっぺのコパパーゲ氏と、鉄の胃袋を持つY嬢の乗る車に電話をしたのが間違いだった。あの車は既に肉派の牙城《がじょう》となっているのだ。仕方がないので新たな仲間を求めて、ヤマシタ号のにごちゃんに電話。

「ねえ、ジンギスカン食べられそう？」

「ジンギスカン？　ジンギスカンは、えーと、あ……ヤマシタ姉妹は、全然余裕って言ってます」

世の中バケモノばっかりかーーー！

結局、三時のおやつにジンギスカンを食べる。何が悔《くや》しいって本当に「見れば」食べられてしまったことであり、「ね？　ね？　美味しいでしょー」と勝ち誇るY嬢の顔がやけに憎い。

もう本当にダメ、これ以上は空気も入らん、という満腹でいよいよ札幌へ。ここで空港へ向かう内地組のユウさん、シマさんとはお別れしなければならない。駅の改札口で、しょんぼりと二人を見送る。外は日が暮れかかっているし風は冷たいしウニは終わるし二人は帰っちゃうし、キミコ寂しくって涙がでちゃう。まるで心にぽっかり穴があいたよう。いったい何がこの穴を埋めてくれるの？　ええそうね、わかってる。酒ね。

というわけで、居残り内地組のにごちゃんを囲んで居酒屋反省会に突入である。本日四食目。いやもう腹いっぱいで酒にも酔わんと思いつつ数十分、ふと見ると、下戸部のもぐらさんがまるで酔っ払いのようにテーブルに突っ伏しているではないか。彼女はジンギスカンを食べながら「これ以上は無理」とほとんど涙目で満腹を訴えていたのに、反省会に突入したとたん、おにぎり食いーの味噌《みそ》汁飲みーの揚げ物食いーの刺身食いーのケーキ頼みーのと、八面六臂《はちめんろっぴ》の大活躍だったのだ。それなのに急に一体どうしたのか。心配して声をかけたら、

「わたくし生まれて初めて、食べ潰《つぶ》れるという経験をしました。自分が何を食べたのか食べてないのか満腹なのかそうじゃないのか、すべてが今は謎《なぞ》です。苦しいのか苦しくないのかもわかりません。でも泥酔者の気持ちが初めてわかりました」

と言い残して遠い世界へ行ってしまった。さようなら。お元気で。

反省会は午後一〇時過ぎに解散。一足先に帰宅したアニキからのメール「あんたたちまだやってんのかい！　はんかくさいねっ！」という言葉が胸にしみた帰路であった。

あとがき

旅は嫌いだ。

行き先決めるのも面倒だし、移動手段を考えるのも面倒だし、宿を手配するのも面倒だし、日程調整するのも面倒だし、荷造りするのも面倒だし、会ったばかりの旅館の人から「ご飯にしますか、お風呂にしますか」と昭和の新妻みたいなことを聞かれるのも面倒だし……と思っていたが、この本を読み返してみると、旅に際して私が自分でやったのは「荷造り」だけであったことがわかった。あとは全部ほかの人がやってくれていた。薄々そうじゃないかなとは思っていたが、まさかここまでとは。今、他人事のように驚愕《きょうがく》している。

「そういう旅は気楽でしょう」とよく言われる。実際のところ、そう尋ねている人が想像しているだろうより百倍は気楽だ。目の前のことだけを全力で楽しんでいればいいという子供のような旅であり、しかし現実は大人であるから、好きなだけビール呑《の》んだり、ふらふら散歩に出かけたり、温泉につかったりできる。気がかりといえば、お説教だけだ。私はよく読者の方から「本当にエッセイに書かれているようないい加減な暮らしをしているのか。いい年してそれはどうか」と説教されるのだが（本当）、今回の本もそういった叱られオーラが全体的かつ濃厚に漂っている気がして、それだけが既に恐ろしい。

だが、そのかわりというかなんというか、私は旅先で退屈することがない。何かの都合で宿に閉じこもることになっても平気だし、ウニツアーのように毎年同じルートで同じ場所に出かけて同じものを食べてもまったく飽きない。今年（二〇一二年）のウニツアーでは、いつもの宿で明け方ゴロゴロしながらロンドン五輪中継を見て、「毎年オリンピックをやってくれたら毎年ここでテレビ見るだけでいいや」と心から思ったし、そういえば六年前のウニの時も温泉で延長十五回に及んだ高校野球中継をひたすら見ながら「すごく幸せだ」と涙ぐみそうになったし、それはもしかすると単に旅よりテレビが好きということなのかもしれないが、いずれにせよ停滞と繰り返しを厭《いと》わない気の小さい人間なので、そういう意味では、あまり叱らないでほしいと思う。

本書に登場する中では、だから恐山《おそれざん》も知床《しれとこ》もまだ全然訪ね足りない。

恐山の「あの世というのはこんなものなのかもしれないな」と思わせるぽかりと

した清々しさや、知床の「何でこんな寒いところ開拓しちゃったか」という不可思議さを、スルメのように嚙み締めながら何度でも味わいたいのである。
そして、最初に恐山に登り「地獄だ……そして極楽もある」と確信した人（誰だか知らないが）に「あんたの言うとおりだ、よくやった」と心の中で肩の一つも叩き、知床の開拓中に寒さに倒れた入植者には「寒かったろう。早く生まれ変わってガンガン暖房きいた部屋でアイス食べてくれ」と、そっと声をかけたいのだ。私にとって、それこそが幾度繰り返しても飽きることのない旅の楽しみなのである。（ちなみに、ウニツアーでしばしば登場する神威《かむい》岬の突端へ向かう遊歩道は、昨年の台風で崩れ、今では一部通れなくなってしまったと聞いた。私が繰り返しに飽きるより先に、向こうが折れてきた形で感無量だ）
これを書いている二〇一二年一一月。本来ならば本書はとっくに出版され、私は出雲《いずも》のあたりを旅しているはずだった。そしてその道中を本書の後編（というものが出る予定だそうです、どうもすみません）に書き下ろしで載せるはずだったが、例によってダラダラ過ごしているうちに、とてもじゃないがそんな時間はなくなってしまった。後編が一体どうなるのか、そしてそこに掲載するつもりだった旅の記録と『ぐうたら夜話』の残り五編はどうなるのか。本人にも全然わからないまま、終わりたい。

私を旅に連れだしてくれた多くの人に感謝をこめて。

二〇一二年一一月二〇日

北大路公子

文庫版あとがき

自分で言うのもなんだが、「勇気あふれる書」だと思う。

土地の風景や人との出会いや食べ物など、いわゆる旅の醍醐味《だいごみ》についてほとんど書いてはいないくせに、堂々「旅日記」と称する勇気。

せっかく遠く離れた地へ出向いても、家にいる時と同じようにテレビを観ながらビールを飲んで過ごす勇気。

黙っときゃいいのに、わざわざ「あとがき」で「続編」に触れる勇気。

この本は勇気にあふれている。

ただ、残念ながら世の中、勇気がすべて正しいとは限らない。とりわけ続編の件については、なまじ勇気を奮《ふる》ったばっかりに、多くの人から「旅日記の続きはいつ出ますか?」という質問を受けることになってしまった。あれはよくなかった。当時は一文字も書いていなかったため返答に窮《きゆう》したし、四年たった今だって一文字も書いていない。一体どうするつもりなのか。何を考えているのか。こうなってしまっては自分でも見当もつかないというか、本人、いよいよ困っているので、できればそっとしておいてほしい。

それにしても四年である。続編も書いていないのに四年。まあ、続編のことはもういいとして、本当に時の流れが速すぎて目眩《めまい》がする。結局その間、再訪したいなと思っていた恐山《おそれざん》や知床《しれとこ》には行けなかった。ではどこに行ったかというと、熱海《あたみ》や箱根《はこね》や天売島《てうりとう》や焼尻島《やぎしりとう》や奥尻島《おくしりとう》や利尻島《りしりとう》や礼文島《れぶんとう》である。後半、島、行き過ぎだろう。

でも、これで北海道の主な有人島は、北方領土を除いて（ろしあめー）すべて訪れたことになるらしい。島巡りは、本文にも登場するコパパーゲ氏の提案である。海のある町で暮らしたこともない私にとって、島の旅はさまざまな意味で新鮮かつ楽しかった。なによりウニが採れるところが素晴らしい。ウニは本当に心の支えだ。あと、カニ。ただ、奥尻島では思わぬアクシデントに見舞われ、このぐうたら旅最大のピンチを我々は迎えることに……という話を続編に書くはずだったのだ。書くはずだったのに、一文字も書かずにあっという間に四年、一体どうするつもりなのか……って、いや、だから続編の話はもういいか。

本文にもちらりと登場するが、今もたまに恐山で買った絵本『地獄と極楽』を読み返すことがある。生前に悪事を働いた人間が、死後、地獄でいかにひどい目に遭《あ》うかを子供相手に容赦《ようしゃ》なく描写した恐ろしい絵本である。どれくらい容赦ないかというと、六十一ページの漫画のうち、実に五十ページを地獄の描写に割《さ》いているくらい容赦がない。「地獄と極楽」というよりは、「地獄と地獄と地獄とちょっと極楽」といった感じの本なのだ。

実際、「花が咲いていて暖かくてごちそうがたくさんあって空も飛べてわーい」という、ある意味単調な価値観の極楽に比べ、地獄の責め苦は多種多様だ。煮えたぎる油の鍋《なべ》に放り込まれたり、巨大な臼《うす》に入れられ杵《きね》で搗《つ》かれたり、身体を真っ二つに切られたり、岩に潰《つぶ》されてぺちゃんこになったりと、実にレパートリーが豊富である。幸福はどれも似ているけれど、不幸はそれぞれ違うというのは本当なのだなと、しみじみ感じ入る作りになっている。

なにより楽しい（と言ってはいけないのか）のは、その恐ろしい内容を、初期の『サザエさん』を思わせるようなとぼけた作風で和《なご》ませている点である。地獄の業《ごう》火《か》に焼かれながら、

「いくら地獄でもはげしすぎるよ」

と、ほとほと困り果てた風に言われても、私としても「まあ、それが地獄ですか

けないのか）のは、巨大のこぎりで身体をごりごり切られる直前、生前の盗みや殺《せっ》生《しょう》を責められた男が、鬼に許しを乞《こ》う場面である。

「でもわたしはたった二どだけで……」

と、肩のひとつも叩いて慰めるしかない。とりわけ笑った（と言ってはい

ら……」

一度じゃないのかよ！

と、この本を読んだ人全員の心の声が聞こえるような気がする名場面であった。

退屈しのぎだったとはいえ、あの日、恐山の売店でこの本を買った自分を褒《ほ》めたい。相変わらず旅にはさほど積極的ではないが、この絵本を見ると、またどこかへ行って妙なもの（と言ってはいけないのか）を買いたいと思うからだ。

いつかまたそんな日が来ると信じている。

北大路公子

本書は、二〇一二年十二月に寿郎社より刊行された作品に、「これほんとに出すの？　やめたほうがいいんじゃない？」と訴えながら加筆・修正し、文庫化したものです。

旅に関する情報は、旅行時（第一部は二〇一一年、第三部は二〇〇六〜二〇〇八年）のものです。

著者紹介

北大路公子（きたおおじ　きみこ）
北海道生まれ。大学卒業後、フリーライターに。新聞の書評欄や文芸誌などに寄稿。
著書に、『生きていてもいいかしら日記』『頭の中身が漏れ出る日々』（以上、PHP文芸文庫）、『枕もとに靴――ああ無情の泥酔日記』『最後のおでん――ああ無情の泥酔日記』（以上、新潮文庫）、『石の裏にも三年――キミコのダンゴ虫的日常』（集英社文庫）、『苦手図鑑』（角川書店）などがある。

PHP文芸文庫　ぐうたら旅日記
恐山・知床をゆく

2016年７月22日　第１版第１刷
2016年８月24日　第１版第２刷

著　者　北大路公子
発行者　小林成彦
発行所　株式会社ＰＨＰ研究所
東京本部　〒135-8137 江東区豊洲5-6-52
文藝出版部　☎03-3520-9620（編集）
普及一部　☎03-3520-9630（販売）
京都本部　〒601-8411 京都市南区西九条北ノ内町11
PHP INTERFACE　http://www.php.co.jp/
組　版　朝日メディアインターナショナル株式会社
印刷所　共同印刷株式会社
製本所　株式会社大進堂

ISBN978-4-569-76576-1